张 军/著

北京大学出版社
PEKING UNIVERSITY PRESS

图书在版编目(CIP)数据

中国经济再廿年/张军著.—北京：北京大学出版社，2014.1
ISBN 978-7-301-23260-6

Ⅰ.①中… Ⅱ.①张… Ⅲ.①中国经济-文集 Ⅳ.①F12-53

中国版本图书馆CIP数据核字(2013)第228185号

书　　名：中国经济再廿年
著作责任者：张　军　著
策 划 编 辑：徐　冰
责 任 编 辑：徐　冰　尉小芸
标 准 书 号：ISBN 978-7-301-23260-6/F · 3760
出 版 发 行：北京大学出版社
地　　址：北京市海淀区成府路205号　100871
网　　址：http://www.pup.cn
电 子 信 箱：em@pup.cn　　QQ：552063295
新 浪 微 博：@北京大学出版社　@北京大学出版社经管图书
电　　话：邮购部 62752015　发行部 62750672
编辑部 62752926　出版部 62754962
印 刷 者：北京大学印刷厂
经 销 者：新华书店
730毫米×1020毫米　16开本　14.25印张　158千字
2014年1月第1版　2014年2月第2次印刷
定　　价：42.00元

前 言

编辑出版这本书是一个偶然，也是一个必然。

2013年5月12日下午，我在北京大学国家发展研究院出席了“重要宏观经济统计指标解读”学术研讨会。除了会议的主题以外，实际在会上和会后的饭桌上大家无不对中国未来经济增长的可能性进行激烈的讨论，其中不乏忧虑与悲观的言语。为什么大家对中国经济的发展前景不再充满乐观的情绪？是因为在经济发展问题上中国做错很多了吗？

在从北京回上海的高铁上，我的头脑一直未能摆脱这一问题的干扰。想来想去，那些过于悲观的看法其实多数无非是人云亦云的肤浅结论罢了。那些似是而非和荒谬的结论大行其道已成为了当今中国的社会现象，见怪不怪也罢。我突然觉得自己这几年在不同场合发表的有关中国经济未来增长前景分析的言论反而一以贯之，均以未来10—20年的增长前景为主题而展开，如果能汇集起来不就是对那些悲观言论的一个正面回应吗？过去这些年，在公开场合，谨慎的分析和乐观的言论少之又少。

回到上海之后，我就马上给北大出版社的林君秀主任发去邮件，把我的这个想法告诉她，没有想到我们一拍即合。于是，我决定在我发表的关于中国经济未来增长前景的文章中选编那些篇幅较长的作品并经反复斟酌，决定冠之以《中国经济再廿年》出版。

但编辑一本中国经济长期增长前景分析的书，也应该是我这一阶段思考和研究中国经济增长的必然的想法。这些年来，我与我的同事和学生们合作研究中国经济，多有感受和心得。认真和独立的研究总是能让我发现，很多问题的真相并不像那些流行的看法描述的那样直截了当。大多数学术界的人，特别是我的经济学家同行（包括那些著名的经济学家），只要不在自己从事的狭窄的研究领域内，一般在很多问题上也只是职业的外行，人云亦云在所难免，甚至在一些问题上轻易地说出一些不适当或似是而非的言论来，也并不奇怪。而发达的媒体充当了不动脑筋的放大镜，渲染了那些肤浅的看法和结论。结果，一个经不起严肃分析和推敲的观点往往就大行其道，占据了我们的主流话语。

举例来说，现在几乎所有的财经记者都认同这一不胫而走的说法：中国经济的增长过去是靠了投资和出口，未来要靠消费和内需。就在前几天，我还接受一家海外著名媒体的记者的电话采访，采访中就问我："中国经济过去是靠了投资和出口拉动，现在的投资过多，消费不足，出口疲软，那么你认为未来要靠什么呢？"我开玩笑说："我不知道未来靠什么，如果我知道了，我不就是神了吗？"

作为经济学人，我不知道一个经济的增长过程在当下中国的知识和传媒界为什么可以这样来理解，只觉得有些滑稽可笑。熊彼特的理论也好，索洛的经济增长理论也罢，都揭示出经济的增长是一个长期现象，是劳动生产率和/或技术不断提高和升级的过程。而这两者都离不开物质资本和人力资本的长期投入与积累。这个道理难道很难理解吗？为什么在增长问题上要把投资与出口和消费在概念上并列起来呢？从GDP增长的源泉而言，投资可以增加资本存量和促进技术进步，自然是GDP增长的原因，而出口和消费不过是GDP增长的结果。而现在流行的说法却是，中国经济增长过去靠了投资，未来要靠消费，这不是逻辑混乱吗？从长远来说，哪有只增加消费和出口而不增加投资就能保持GDP增长的道理？未来如果没有长期的（物质的和人力的）资本积累，我们的产业结构和技术如何能实现升级换代？我们的劳动力如何能提高技能和素质？我们如何能创造出高附加值的产品与服务来？没有这些，我们还能保持不断提高收入和消费水平的能力吗？我们还能步入高收入国家的行列和赶上发达国家的生活水准吗？答案当然是否定的。一个经济的长期增长潜力是由长期因素决定的，绝不是由短期的需求因素决定的。长期因素包括资本形成的能力、劳动力的数量与年龄结构，人口受教育的程度、研发投入和技术进步的速度，以及制度的改进等。但就是这样的朴素道理却被多数人不愿意面对，宁愿接受一个消费开支决定经济增长的谬误，而宁愿接受这个谬误只是因为它服务了大多数人当下纠结的情感而不是理性。

不可讳言，以上流行的言论不是没有出处的。在中国经济未来增长前景问题上，经济学家内部流行的看法常被概括为所谓的“结构失衡”。那些对中国经济发展前景悲观的经济学家均对其所谓结构失衡情有独钟，但却流于肤浅的分析逻辑。比如，在简单观察到在国民收入中投资占比上升和消费占比近10多年来下降的趋势之后，便轻而易举地判断得出中国经济的结构出现了严重失衡的结论。不仅如此，消费占比持续下降还被解释为生产要素价格（如利率和工资）长期被体制扭曲的结果。由于总是习惯于用要素市场上各种扭曲来看待经济增长问题，因此多数经济学家判断说，中国经济未来的增长可能性在很大程度上取决于今天能否成功实现经济结构的“再平衡”。毫不夸张地说，“结构失衡”和“结构再平衡”今天已经成为经济学家之间讨论中国经济前景的基本概念框架。但不幸的是，这个框架是建立在错误的理论和对中国统计数据肤浅的理解之上的，不值得维护。

其实，看到所谓结构失衡的经济学家多半都是忽略了经济增长将伴随结构变化发生的事实。大多数经济学家习惯于用教科书上的均衡和最优化概念的逻辑来考虑、观察和判断经济现象，作为逻辑分析的基准，这并没有错，但如果过于教条和生搬硬套这些概念和原理，那就错了去了。当我们面对一个快速增长的经济体，我们就需要懂得，增长和结构变化只会在远离均衡（稳态）的状态下才会发生。换句话说，稳态均衡就像一个引力，增长和结构的变化总是有朝着那个方向靠近的内力，但又不断被外力推动而偏离。这就是结构变化和经济增长现象。理论上说，一个关于经济结构平衡或最优化均衡的静态理论描述的不是经济增长，而是静止的稳态，它是不能直接用于解释经济增长现象的。实际上，正像卡内基和平基金会的黄育川博士最近也撰文指出的那样，人们没有充分认识到的是，日本、韩国、新加坡及中国台湾地区这些经济体在经历了长达数十年的不平衡增长，消费占GDP比重曾经下滑20至30个百分点，然后才实现较为平衡的增长的。事实上，没有证据证明较平衡的增长模式将带来工资及消费支出更快增长这一假设。如果人为刺激消费以及过早地平衡经济结构，中国可能失去提高生产率的机会，而这，用黄育川博士的原话说，原本可以通过实施改革、推动城镇化进程更有效进行、允许私营部门发挥最大潜力来实现。

以上这些是我这些年一贯坚持的看法。为此，尽管个人的声音非常微弱，我还是在不同场合发表了多篇文章和演讲来试图纠正我们那些流行观点的偏误。本书收入的这10篇文章算是其中的代表，而且发表的年份是离现在最近的。

这10篇文章中有6篇是基于我2011年以来发表的演讲而写成的。在这6篇演讲中，第1篇演讲是2011年8月5日下午应国泰君安之邀在“国泰君安宏观经济方法研讨会”上发表的。2011年11月6日《东方早报-上海书评》最先以“为中国经济转型声辩”为题发表了这个演讲的精华版。而它的完整版则发表在《学习与探索》2012年第3期上。后又被北京大学的中国与世界研究中心的内部稿《观察与交流》刊载。2012年6月20日再次被中国人民大学复印报刊资料F13《社会主义经济理论与经验》第6期全文转载。

第2篇是基于2012年9月我与来访的美国加州大学圣地亚哥分校的巴里·诺顿（Barry Naughton）教授进行的一场对话而写成的。为了方便读者的阅读，我把诺顿教授的现场对话部分也附在了后面。这个对话的文字稿由出席对话现场的《东方早报·上海经济评论》的记者柯白玮负责整理并经我修订，2012年10月16日发表在《东方早报·上海经济评论》上，发表时编辑用了“与巴里·诺顿谈中国经济的前途”的题目，其中我的文章是以“中国的增长阶段转型将会更平稳”出现的。

第3篇是根据2011年11月4日我在*World Economy*年度中国讲座上的英文演讲经整理、修改和补充而成的。这次的年度演讲是应英国诺丁汉大学校长、*World Economy*杂志主编戴维·格里纳韦（David Greenaway）教授的盛情邀请而发表的，在英国诺丁汉大学（宁波校区）举行。这篇演讲稿的中文版于2012年12月26日以“理解中国经济快速发展的机制：朱镕基可能是对的”为题并作为首篇发表在了吴敬琏先生主编的《比较》第63辑上。而基于演讲的英文论文*Zhu Rongji Might Be Right: Understanding the Mechanism of Fast Economic Development in China*在国际经济学界的SSCI杂志*World Economy*（Vol. 35, no.12 (December), pp1772-1732）上发表。

第7篇是我在2011年5月举行的“上海论坛”上的主旨演讲稿，2011年6月12日以“中国经济再十年：张军教授在‘上海论坛2011’上的主旨演讲”为题在《解放日报·思想者》发表。基于这个演讲而写成的另一更精练的文章于2011年7月4日以“中国经济再十年”为题在《经济观察报》观察家版面整版发表。

第8篇是2012年3月15日我在复旦大学社会科学高等研究院举办的“中国深度研究高级讲坛第四十七讲”的讲座文稿。讲座于2012年3月15日晚在复旦大学光华楼吴文政报告厅举行，吸引了众多的学生，现场气氛极其热烈。2012年4月16日演讲稿以“中国经济还能再增长多久？”为题在《文汇报》每周讲演版整版发表。2012年7月5日被《新华文摘》2012年第13期全文转载。

第9篇是我2012年11月9日在复旦大学“2012复旦发展论坛”上的演讲稿。论坛的演讲嘉宾还包括哈佛大学的傅高义、新加坡东亚研究所所长郑永年和著名作家王安忆。之后不久，演讲稿应当时的主编黄颂杰先生之邀作为首篇发表在了《复旦学报》（社会科学版）2013年第1期上。

除了以上6篇演讲稿之外，本书的第4篇和第5篇文章是我在2012年4月为《大预测》一书所写的长篇书评。由于篇幅比较长，我把它拆成两篇。事实上，这篇书评最初于2012年5月5日和20日也是分两次在《东方早报·上海书评》上刊载出来的。

《大预测》是英文著作《黯然失色：生活在中国经济主导的阴影下》（*Eclipse: Living in the Shadow of China's Economic Dominance*）的中文版。作者是我的朋友、在华盛顿的彼得森国际经济研究所（Peterson Institute of International Economics）的经济学家阿文德·萨勃拉曼尼亚（Arvind Subramanian）教授。他的这本书基于非常标准的经济学分析预测了中国经济未来20年的增长前景，在英语世界影响很大，但作者也被批评过于乐观。我与他2012年1月28日—2月3日在哥本哈根出席一个论坛之后，我邀请他到复旦大学中国经济研究中心做了关于这本书的演讲。他的这本书不久在国内出版了中文版，改名《大预测》。但是由于书中涉及大量的统计和计量分析的语言和工具，一般的读者阅读起来并不容易弄明白其中道理。我的这个书评结合书中的一些技术性讨论，比较通俗地再现了作者的分析逻辑，同时对中国经济未来20年的增长道路进行了严肃的讨论。

第5篇文章是我与中欧国际工商学院经济系的朱天教授一系列合作成果中的一个，多是朱教授的贡献。朱天教授还执教于香港科技大学经济系，与我在很多问题上持有相似的观点。我们在过去的两年里多次沟通对中国经济增长前景的看法。特别是，我们认为官方数据明显低估了中国的消费占GDP的比重，因此我们试图去校准这一数据。为此，我们做了大量艰苦的工作，先后完成了多篇学术论文和评论文章。2012年1月14日，我们还联名在英国《金融时报》（*Financial Times*）的评论版上发表了关于中国消费占比被低估的英文文章，获得海外的高度关注和国际同行的好评。收入本书的这篇文章是我们2012年12月31日在FT中文网上发表的。不出所料，这篇文章一经发表便引起了国内的巨大反响。

收入本书的最后一篇文章是我与《东方早报·上海经济评论》的长篇谈话，篇幅也较长。这个谈话于2013年4月底的某一天在我家里进行，是由柯白玮和郑景昕根据录音整理出来的，发表前我做了修订。谈话以“张军谈危机、改革与中国未来的增长”为题于2013年5月7日在《东方早报·上海经济评论》发表，引起较大反响。我在这个谈话里针对目前学术界和思想界在中国经济问题上流行的一些言论和观点进行了点评，表达了自己对很多问题的不同看法。收入在本书，算是对本文集一个不错的小结。

在本书就要付梓出版之际，特别值得一提的是北京大学的林毅夫教授和复旦大学校长杨玉良院士对本书的郑重推荐。林毅夫教授是我的同行和20余年的朋友，他是我十分尊敬的经济学家，国际上享有盛誉。我们在很多问题上持有相似的观点。他欣然阅读了本书的校样，不仅写出了推荐语，而且还指出了书中几处表达和打印的错误。他给出的推荐语是：

中国作为一个发展中、转型中大国，以发达国家的规范做参照，不可避免地充斥着各种落后的体制和政策扭曲；以发达国家的经验为基础建立起来的理论来看，中国转型期的许多政策措施则是不到位的甚至是错误的。但是，中国经济不仅没有像许多学者预测那样崩溃，而且还取得了连续33年的高速增长。自2011年以来中国经济增速逐季放缓，这种放缓预示着中国已经告别了高速增长的时期，甚至是多年来广为流传的中国崩溃预言的最终到来吗？或是，中国经济还有可能继续维持一二十年的快速增长，在2020年前后再次成为世界最大的经济体？张军教授这本文集抛弃了现有理论的成见，直接从中国经济的现实去了解过去30多年高速增长背后的逻辑，并以此分析了中国未来增长的前景。这是一本充满原创见解，是关心中国经济和世界未来前景的人都应该读的好书。

杨玉良院士是著名的化学家，现任复旦大学校长。虽为自然科学家，但他在社会科学和人文学科的诸多领域均有深厚的素养和过人的见解，令人钦佩。在中国经济发展和社会转型等公共话语方面，杨玉良院士常常发表富有深度的意见和见解，给我留下深刻的印象。杨校长阅读了本书的校样之后，以自己作为自然科学家的独特视角写下了精彩的推荐语：

如何诠释中国经济连续33年的高速发展？如何判断未来中国经济的走向？这似乎是所有研究中国经济的经济学家们企图回答的两个问题。然而，学者们往往依据相同或相似的理论却给出截然不同的结论。这就提醒我们，当采用某个理论来解释事实时，首先要考察的是导出理论所依据的前提与假设的合理性，以及理论参数的微观含义；在研究一个非线性过程时，即使是初始条件、边界条件和个别参数的微小差异，也会导致截然不同的结论。张军教授从中国与发达国家的经济在微观机制、初始条件和边界条件上的差异入手来分析中国经济，而不是生搬硬套现有理论。

阅读张军教授的经济学著作会带给你一种强烈的感觉，他是真正在“研究”中国经济，而不是仅仅用“主流”的经济学理论来“说”中国经济。他的分析透彻、脱俗，见解独到，让人更为信服。因此，只要关心中国经济，无论是否专业的经济学家，都有必要阅读本书，并细细品味其中的分析和见解。

经济学和自然科学领域中的两位令人尊敬的资深学者愿意阅读本书并向读者推荐本书，不仅是对读者的负责，更是对作者的鼓舞与鞭策。对此，我深表谢意。

尽管过去这几年所经历的身体康复阶段对我而言是很艰难的，但我坚守住了。我几乎没有中断对中国经济的思考和研究。我要感谢复旦大学、感谢我的各界朋友、学界的同仁和我的学生们在我的研究工作和推广中给予的鼎力协助和一贯的支持。

我还要感谢北京大学出版社的林君秀主任和徐冰编辑为本书的出版所付出的辛劳。

最后当然还要感谢我的家人，特别是我的妻子和儿子在我的生活和研究中给予的无私的爱的力量。

张军

2013年8月23日谨识于英国诺丁汉大学Jubilee校区

目录 CONTENTS

中国特色的经济转型与发展

再有十到二十年的时间，中西部地区的经济水平跟沿海地区的差距会大大缩小，那个时候中国总体人均GDP水平会达到美国的差不多1/4，因为中国的人口是美国的4倍，所以只需要有1/4的人均水平经济总量就可以达到美国的水平。这个就是我对中国经济的一个基本分析和看法。

毋庸置疑，解释中国经济过去30年（特别是过去20年）的发展经验，需要借鉴对中国如何成功实现了向市场经济体制的转型和保持了高速经济增长的一些理论的观点。我最近接到来自*World Economy*杂志的邀请，这是发展经济学领域一个非常有名的杂志，他们将在11月份举行一个中国年度讲座，希望我能去做这个讲座。这个邀请让我不得不花时间去整理一下我以往从事的中国经济增长方面的研究片段，希望找到一个新的角度来呈现。

纽约大学的Nouriel Roubini 7月26日在上海交大金融高级研究院做了一个演讲。他讲了这样一句话："中国经济的增长是靠出口和巨大的固定资产投资支撑的，高储蓄和低消费是一个不可持续的增长模式。"不用说，这是一个不断被重复的判断，几乎成为海内外对中国经济的主流看法。我曾经写过文章说，批评中国经济的所谓结构性失衡在美国和中国似乎都是"政治上正确的"，而重新平衡中国经济均能迎合两国的民众情绪，所以Nouriel Roubini的说法很受公众和媒体的欢迎。

可是，这些说法并不像它们看上去的那么正确。如果我们做更多的经验分析，就会发现上述看法并不真的揭示了中国经济发展的逻辑与机制。首先让我们来看中国经济的增长基于出口这种说法对不对。很多人会拿出证据说，出口值占GDP现在已经超过40%，毫无疑问经济增长是依赖出口的。可是，分子与分母之间是什么关系，却没有人去关心。事实上，GDP在统计上并不包含出口值，从支出法核算的角度讲，GDP包含的是出口和进口之间的差额，也就是贸易余额。如果进口值大于出口值，即使出口值占GDP很大，GDP也会因此被减少而不是增大。另外，如果出口多为来料加工出口的话，那么出口和进口之间的差额可以粗略地看做一国出口附加值的总和。虽然中国的出口值占GDP超过40%，可是加权的出口附加值率平均只有30%，对于那些出口增长最快的行业，附加值率大体只有10%（不同的估计有不同的数值）。这就意味着，GDP当中包含的来自出口部门的贡献只有10%左右。这让我想起在5月28日“上海论坛”开幕式上，诺贝尔经济学奖获得者James Mirrlees教授说，即使没有出口，中国经济差不多也能增长到现在的水平，因为对增长最重要的是资本的积累率和积累速度。

很多人认为，我们现在的资本积累过高，挤压了消费，不利于中国未来的经济发展。其实，大家忽略的一个重要条件是，资本的积累或者国民储蓄与国民收入的比例并不是固定不变的，它会随着经济发展阶段的改变和人均收入的提高而变化。东亚四小龙在40年前都是世界上储蓄率最高的经济体，但今天不是。经济学家的研究并没有发现低储蓄率和低投资率可以实现高速的经济增长，却发现如果能在高储蓄的国家推进有效的资本形成，经济就可以获得更快的发展，成功缩小与发达国家的收入差距。

北大的蔡洪滨教授曾做过一个研究，他用上百个国家的统计样本，讨论哪些因素会影响一个中低收入的国家成功实现向高收入的跨越。在他的回归方程中，出口占比、消费率、投资率、基尼系数等都放进去作为影响因素了，但却发现，这些变量统计上都不显著。换句话说，从长远来说，这些变量不是决定这些国家能否成功跨越所谓“中等收入陷阱”的因素，因为它们会随着经济发展阶段的改变而发生变化。

长远来说，包括储蓄率、消费率这些东西都会变，不存在一个最优的比率适合所有的国家。说消费应该占GDP的百分之多少是全世界都可以通用的吗？没有。中国当前的经济发展阶段上出现了统计上的消费占比下降的现象，但是这个现象也要做具体的分析，不可以简单地下结论。有一次我跟剑桥的一位学者辩论这个问题。我说我是中国的一个消费者，我知道自从我可以买自己的房子以后，我的消费开支的结构发生了怎么样的变化。房改之后的10多年来，中国城市的房屋私有化率高达85%以上。在这种情况下，尽管在统计惯例上房屋投资是计算到资本形成而不是消费支出里面的，但事实是，当我们刚经历可以买房子的阶段以后，每个家庭的消费支出结构都发生了巨大的变化，更多的积蓄去购买住房了。对家庭而言，这就是最大的消费开支。问题在于，我们需要找到准确的方法来将这笔开支分摊到每一年。国家统计局的司长都承认，现在中国家庭房屋的支出占家庭消费开支的比例确定在7%—8%肯定是低估的。原因主要是，我们还缺乏用于计算“推断租金”的可靠的系统资料，因而统计局现在只能用居住的部分成本估算家庭的住房开支，比如说分摊的房屋维修基金和物业费等。

与消费占GDP比重的问题相联系，很多人对“劳动收入占国民收入的比重”这些年来的下降趋势也多有诟病，认为这是导致经济增长不可持续的因素。对于这个现象应该怎么看，我跟我的学生合作研究过，给出了一些有意思的答案。我们的做法是这样的：我们把劳动收入与国民收入的比重分解到各个省份，看看能发现一些什么样的规律。理论上，全国层面上的这个占比无非是这个占比在各省的加权平均。经计算我们发现，上海的劳动收入占比是全国最低的，而西藏则是全国最高的。背后的规律是，农业占比比较高的省份，劳动收入占比往往比较高，而工业化程度和城市化水平比较高的省份，劳动收入占比就比较低。怎么理解这个现象？从全国来看，劳动收入占比的下降是收入分配政策不公造成的问题吗？未必。这个趋势反映的实际上是一个非常正面的经济结构的变化，也就是说，过去十多年来，有越来越多的省份的经济实现了或者正在实现它的结构升级，正在经历工业化和城市化的进程，农业在GDP中的份额及农业对GDP的贡献正在下降，而制造业和服务业的份额则在上升，这样一个结构变化很大程度上导致了我们观察到的劳动收入在GDP中的占比出现下降的趋势。要知道，结构变化是经济发展的一个非常重要的机制。经济发展就是经济结构不断升级的进程，往上走，通过工业化、城市化提高了人均所得。将来，随着服务业在各个省的经济结构中变得越来越重要，全国层面上观察到的劳动收入在整个国民收入当中的份额就会止跌回升。

再说基尼系数吧。中国的基尼系数超过国际警戒线少说也有十多年了，但是这个到底有多大关系呢？其实关于基尼系数有很多很多的研究，相同的基尼系数可以代表完全不同的收入分配状况。这里不再展开这个话题，我只提醒一点，这些年来大量的统计研究发现，如果把中国的收入差距分解开来，你就会发现，中国有一个跟其他国家非常不同的现象，就是中国的收入差距里面，城乡差距是小于地区差距的。这说明，在中国，尽管有了30年的高速增长，但经济发展水平在各省之间还存在很大的落差。特别是，东部沿海的发展阶段高于中西部地区。我觉得这是非常值得我们思考的一个大问题。我的建议是，当我们在总量上看到一些现象的时候，我们往往需要从地区层面来理解现象的生成，因为中国的经济增长和发展主要不是按照行业而是按照省市这样的行政区划来分解和执行的。经济增长与其说是行业扩张的现象，不如说是地区崛起的现象。中国的经济发展有清晰可循的地理模式。

的确，尽管中国经济的高速增长和发展只是出现在过去30年里，但它的资源与经济活动的基本组织方式是没有变化的。各级地方政府依然主导着各自的经济增长和发展。在新中国成立后的计划经济时期就形成了这个组织架构，当时叫“块块经济”，它不同于苏联那种以中央工业部为主导的“条条”模式。可是，在我们的计划经济时期，投资和经济活动的控制权总是不断在“条”与“块”之间反复折腾，始终没有解决好集权与分权、经济分权与行政分权的关系。

对于中国经济发展的看法，大多数人是没有这样一个概念的，经济学家习惯于从总量上看问题并从合并的部门与地区的总量上解释经济发展。而对于中国经济，这样做会忽略很多重要的东西，难以看到经济发展的机制是什么。我特别想指出的是，中国经济是被分割在一个个行政单位里的，是被分割成一个一个单元的，这非常重要。这就是说，经济活动是在行政区划里面被组织起来的。某种意义上说，中国很像欧洲，很多人讲中国就是早期的欧洲，每一个省都是一个相对独立的经济体，推动经济发展的活动都是发生在一个行政的单位里面。上海是一个单位，上海又分区，区又是一个单位，上海边上的江苏、昆山、无锡，是一个一个的行政单位。虽然英国也有郡，美国也有州，但跟中国的行政区概念是完全不同的，在中国，经济活动始终是在行政区的边界内发生的，而且是行政区的政府被赋予的责任。

中国有2800多个县，30多个省市，600多个城市，将近300个地级市，可以有很多的数字来度量中国的经济是怎么被分割成一个个小的经济单位的，而且实际上所有的经济活动都是由一个个小的行政单位负责组织的。这种组织架构对于经济增长来讲变得非常有趣，因为经济是由一个一个小的单位构成的，怎么实现增长呢？很显然，在体制上一定是要实行分权的，不能什么事情都在北京做。中国一个非常重要的特点就是，不仅经济被分割成了最小的行政单位，而且在一个行政区划内，几乎所有的资源都在区划内的地方政府手上，这跟西方又不一样。西方的经济资源多数为个人或者家庭拥有，要么是农场主，要么是地主，要么是企业家，所以经济决策和经济活动是这些人决定和组织的，跟政府没有直接的关系。而在中国，所有的经济资源都在地方政府手上。张五常先生一直强调县非常重要，因为所有的土地资源都在县一级政府手里，因此一个省要实现增长的话，就要确保县（市）一级的增长。所以，需要层层的分权。而一旦分权，就遇到一个协调机制的问题。要知道，把经济决策的权力给了地方以后，在全国总量层面上很可能会出现混乱和不稳定，这个问题困扰我国已久。不仅在计划时期是这样，在20世纪80

年代的改革之中也未能解决好这个问题。那时候的改革只强调了分权而没有解决好宏观稳定的大问题，结果一直摆脱不了经济的大起大落，通货膨胀反复发生，非常严重。

从表面上看，通货膨胀的产生是因为中央财政总是可以或者容易地从银行透支来弥补收支的缺口，而且在1993年之前，这的确已是惯例，每年都要从银行无偿地拿200亿元来弥补赤字。在1993年之后，透支被改为政府向银行出售债券，并开始整顿金融部门，对金融部门“约法三章”，但这并不能取代所需要的分权体制下的协调机制。增长与通货膨胀伴生的体制根源主要不在于财政向银行的透支，也不在于金融部门的秩序混乱与违规，而在于那个时候形成的中央与地方的财政关系不利于宏观的稳定。因为在当时的财政包干体制下，地方政府有隐瞒财税收入的强烈动机，比如将预算内的收入转移到预算外，形成庞大的预算外和体制外收入，这就逐步削弱了中央对宏观经济的控制力。中央财政收入占GDP的比重和中央财政收入占全国财政收入的比重分别从1980年的29%和40%下降到1992年的12%和15%，同时地方政府的预算外收入迅猛增长。虽然中央的财力下降很快，但同期的事权依然没有发生太大变化，中央政府依然承担着相当大的公共支出和资本建设，中央政府在完成本级政府支出后，已经没有财力协调地方政府的行为，因而在推行自上而下的改革方案时很容易遭遇地方政府的实际阻挠。地方政府拥有了越来越多的预算外和体制外收入，使得中央政府的支出只能依靠货币超发来支撑。这就是1993—1994年中央政府坚决用中央与地方的分税制替换之前的财政承包制的原因。而分税制的实施是朱镕基担任副总理时期中国经济体制转轨的最重要一环，因为有了分税制，中央与地方才实现了激励的一致性，消除了增长引发通货膨胀的体制根源。这也是确保中国这个大国实现可调控其节奏的经济增长的基本机制。

我的分析表明，分税制对中国经济发展的贡献很大。首先，在税收的征收方面，由于国税局的设立，中央政府不再从地方政府的收入中抽取一定比例作为自身的收入，因而地方政府没有了隐瞒税收的动机，并且由于财政收入的主体是共享税种，中央和地方具有相似的税基，这样地方政府在扩大税基的同时也有利于中央政府，因而分税制保证了两者都会最大化税基。其次，分税制保证了1994年重要改革的顺利推行。按照分税制的设计，1994年的税收返还（增值税和消费税返还）占据当年转移支付的70%，很多人都认为这是中央对地方执行分税制的一种妥协，但由于这部分的增长速度要小于财政收入的增速，因而即使是妥协，这部分也会越来越小，另外的大部分将可以由中央政府来自由支配。而这时候的转移支付更多地应该被理解为中央用来对地方政府绩效的一种褒奖，或是对因改革造成利益损失的省份的一种补偿。因而，中央的财政实力保证了1994年自上而下的改革方案的顺利推行。最后，以增值税作为分享的主体有利于激励地方政府专注于经济的发展。地方政府越是将重点放在发展经济上，这部分的税收越会更快地增长。因而增值税可以间接用来衡量地方政府的努力程度，各地方政府都将有限的财政收入用来改善基础设施，以此来吸引投资和扩大对外贸易，同时扩大了增值税的税基，因此，增值税作为分享的主体保证了地方政府更加致力于发展地方经济。

这就引出了我接下来要讨论的经济发展的机制问题了。解决了激励机制问题，要加快经济发展，地方面临的最困难的问题就是如何开始加快资本的形成。跟一个人办企业一样，一开始就需要很多钱。资本积累的钱从何而来？我先讲一个故事。在深圳特区设立之前，习仲勋到邓小平家里去汇报说，想建设蛇口工业特区，可是需要钱来搞基础设施，当时银行只能给3000万贷款。邓小平说了一句话，中央没有钱，你们自己闯出一条路吧。当时他们也够大胆的，把眼睛转向了土地。他们想，在香港一平方米土地值多少钱，蛇口这里是多少，测算下来，如果一平方米租金是5000元，这个地方有40万平方米，大概可以筹资2个亿，这个时候是1987年。1987年深圳就搞了这个土地批租，1988年这一条就写到宪法修正稿里面，中国的土地就可以批租了。到邓小平1992年南方谈话以后，很多地方都开始想到用土地来解决公共储蓄不足的问题。

四小龙他们早期是靠什么？刚开始发展经济也需要钱，但他们有美国的美元援助。他们拿到美元援助以后就会去进口资本品，从而开始了资本积累。为什么韩国和我国台湾早期走的都是进口替代战略？原因就是有美国的援助和贷款。可是十多年以后不行了，他们需要还这个钱了，所以就必须把战略调整到出口导向，要去挣美元来还这个贷款。很多研究文献里面都谈到，四小龙，特别是韩国跟我国台湾地区，他们早期都实行了进口替代战略，但是后面又转成了出口导向战略，这个不是事先设计的，而是因为开始时他们没有钱来启动经济的发展，正好有美元的援助，所以就要靠进口，后面要还债才转向出口导向的发展战略。

与它们的初始条件不同，中国的地方政府要加快资本积累，需要靠自己解决资金短缺的问题。所以，地方经济的资本积累很自然就主要依靠地方政府“招商引资”这个模式来实现了。可是，招商引资的成功在很大程度上需要依靠地方政府的公共投入来改善当地的投资环境，特别是制度的和物质的基础设施。这是一笔巨大的公共投入，而当地储蓄（贷款）不足是一个严厉的金融约束。这个问题是中国任何一个地方政府在经济发展的初期都面临的问题。深圳的个案经验之所以变成之后的流行模式，就是因为它确实为地方政府突破这个储蓄短缺的约束找到了出路。

从经济学上说，深圳的经验就是政府拥有的土地成为公共储蓄的来源。在所有的生产要素里面，只有土地的回报是租值，而且长期来讲土地的租值是随着经济发展而不断上升的，只有土地是这样的，其他的资产只会不断消耗和贬值。1994年以后长三角经济的起飞靠的就是来自土地租值的公共储蓄的持续增长。因为中央政府只给政策不给钱，在这种情况下地方政府唯一能够快速实现资本积累的途径就是批租土地。在20世纪90年代后期随着商品房市场的形成和城市化进程的加快，地方政府来自土地批租的收入获得了大幅度的增长，成为政府财政预算之外的重要收入。现在大家都在批评地方融资平台，但我们要想一想，如果没有地方融资平台这个公共储蓄的机制，中国经济就不能够在条件非常恶劣的90年代中后期反而加快了经济发展的步伐，特别是有上海和长三角经济的迅速崛起，二线、三线地区也几乎不可能有今天这样一个经济快速发展的局面。

中国至今没有征收房产税或财产税，地方政府用来推动公共基础设施建设的资金大部分来源于土地的批租收入。大家知道这跟美国不一样，在英美国家，基础设施建设虽然是政府来做，但基本上都是联邦政府在做，可是在中国，基础设施是最基层的政府在做。所以，每一个地方的基础设施都在改变。这就出现了我们通常所说的所谓登高比赛（race to the top）。因为有竞争，因为经济是发生在每一个具体的行政小单位里面，所以需要招商引资，需要开发手上的土地去融资，用这个钱来做基础设施，再把直接投资引到这个地方来，这就是中国的模式。这个模式到底怎么定义？很多人会发现说，在中国，经济还是地方政府在推动，西方人会觉得这样的做法一点都不标准。因为经济是市场经济，政府在里面怎么干这些事情？这里就存在一个挤入效应，而不一定是一个替代关系，特别是1994年以后的经济发展。因为看上去是政府做了很多的事情，但是实际上这个经济是非常市场化的，地方之间有竞争，每一个行政单位之间都在竞争。同时政府也在利用市场，因为他手上只有土地没有钱，这种情况下一定会动脑筋向投资者一样去考虑问题，获取源源不断的融资。这实际上是一个非常值得总结的模式。

除了土地作为公共储蓄的功能被加以利用之外，1994年分税制之后，土地也在地方经济发展中变得特别重要，加上本身是对增值税的分成，又跟土地有关系，所以我们讲租税不分，增值税实际上就是一个土地的租值。因为土地重要，大家会想中国的经济格局一定是一种地理上的含义。也就是说，条件好、区位好的沿海地区，土地的租值会特别高，所以发展会更快。基础设施投入水平不一样，经济活动密度也不一样，所以会有地区之间的差距。

我特别提到，诺贝尔经济学奖获得者Simon Kuznets教授在20世纪60年代出版了很多关于经济发展与结构变化的研究著作，并发现了很多有趣的经济发展现象与规律，最著名的可能就是后来被称为“Kuznets曲线”的现象。这些曲线被讨论得比较多，除了收入差距与经济增长的倒U型关系之外，还有关于环境质量跟经济发展之间的关系。20世纪80—90年代有大量的经验研究发现，环境的质量跟人均GDP也是呈现Kuznets曲线的关系，也就是说，经济发展的初期阶段往往伴随环境恶化，而人均GDP水平达到一定的阈值以后环境又会变好。所以，有很多变量之间的关系，可能并不是线性的。今天我们看到的一些很负面的现象往往与经济发展阶段相关，比如我们谈到的消费率、储蓄率包括基尼系数等都会随着经济发展的阶段变化而变化，不能因为今天看到这些变量的值，就理所当然地认为未来也是这样。关键是要把眼光放的更长远，经济发展会引起结构变化，而结构变化会改变很多重要的经济变量间的比率。在这里面结构变化的因素变得非常重要。

中国经济的这样一个行政组合方式，特别是地方政府通过土地批租来增加公共储蓄的这样一个机制，一定会受地理因素的影响。我的观察是，在中国，结构的变化不仅发生在行业之间，比如说劳动力从农业到工业、从农村到城市，实际上还有一个地区之间的结构变化。因为土地的租值是跟着区位来变化的，离沿海越远租值越低。这样一来，在经济发展之后的相当一段时间里面，中国地区之间的差距会拉大。但如果我们相信Kuznets观察的规律，这在中国未必是坏事情。因为我们的人口特别多，所以需要非常多的资本积累来让人均资本存量提高到发达国家的水平。如果不是这种方式的话，我相信中国这样一个大国，人口这么多，要想较快地积累资本和提高人均资本存量，从而提高人均收入是不可能的。今天看到印度的经济状况就会让我想到，假如中国不是今天这样一个经济组织方式的话，中国跟印度就不会有太大的差别。现在有了这样一个模式，经济的增长和发展速度就快于印度。可能的代价就是，在相当一段时间里面，地区之间的差别有扩大的趋势。但是，这并不是一成不变的，它有收敛的趋势。中国的发展模式其实影射了世界经济的一个发展模式。也特别像欧洲早期的发展模式，每一个地方都是资源控制的主体，经济发展是靠一个个相互竞争的小的单位来谋求的。而整体经济要发达起来需要一个递推的过程和时间，现在是第一梯队，然后转移到第二梯队和第三梯队，这是因为土地的租值在变化，它一定会调节资本的分配从沿海往内地转移。三十多年前，有人提出亚洲经济发展的雁行模式引起争论，但是我说在中国就非常明显地存在这种雁行模式，就是沿海的产业会逐步向中西部转移。这是一个非常有趣的模式，沿海经济先发达起来以后，然后往西部转移。这也是邓小平在改革开放初期设想并希望实现的经济发展模式。

从这个框架去看待中国经济发展，就会更好地理解中国经济发展的未来趋势。很多人讲中国经济眼下过得去，但是长期来讲存在很大的问题。我的看法正好相反，有很多结构变量告诉我们眼下也许有太多的问题，包括收入差距，但是在长期我比较看好。因为我相信这个经济的组织方式已经决定了它在长期的一个持续向内陆推进的雁行模式。事实上，现在我们已经看到，沿海地区发达了，经济增长的重心就开始往中西部转移了，因为资本总是要维持高回报的。今年上半年的统计显示，上海的投资增长率几乎是0，劳动生产率很高，但是基本上不再快速增长。相反，我们看到二线城市、二线省份GDP的增长都是16%或者17%的两位数增长。这个现象将会不断持续而且会变得越来越明显。因为有地区差距，土地的租值就会调节产业资本向中西部地区转移。只要同一个行业在不同地区之间的劳动生产率存在差距，资本转移就会发生。行业之间和地区之间劳动生产率缩小的过程就是中国整体的人均GDP、人均收入提高的过程。

我5月28日在“上海论坛”的演讲中就讲了，按照目前这样一种增长格局，上海人均GDP是美国现在的1/4，但是全国的人均GDP是美国的1/11，地区之间有1—4倍的差距。表现在劳动生产率上面，同一个行业里面，让中西部地区的行业劳动力生产水平提高到像上海今天这个水平就需要大量的资本投入，所以我说未来的资本分配会受到土地租值的调节。也就是说，只要地方政府还掌握土地，土地的资本化、土地租值的资本化、土地的价格就会调节经济的结构，从沿海往中西部地区推进，这个过程是全覆盖的。再有十到二十年的时间，中西部地区的经济水平跟沿海地区的差距会大大缩小，那个时候中国总体人均GDP水平会达到美国的差不多1/4，因为中国的人口是美国的4倍，所以只需要有1/4的人均水平经济总量就可以达到美国的水平。这个就是我对中国经济的一个基本分析和看法，谢谢大家。

（本文初次全文发表在《学习与探索》2012年第3期）

中国的增长阶段转型将会更平稳：与巴里·诺顿对话

谨慎对待中国经济的未来是必要的，但过于悲观是没有道理的。

不同于小的经济体，中国自己拥有“雁阵机制”来缓冲新的成本条件的压力，这样的话，在两个增长阶段和模式之间出现转轨断裂几乎是不可能的。相反，中国可能通过将资本在地区间的再分配这样的过渡途径，来保持未来10年或20年的持续高速增长。

巴里·诺顿教授用一个颇有意义的概念框架，对中国经济增长的未来可能性做出了预测，即中国经济将从超高速增长阶段转向适度增长阶段。诺顿教授特别强调，这两种增长阶段之间缺乏平稳转换的渠道是理解中国经济可能已经开始减速的关键。

他做出这一推测是考虑了日本、韩国和中国台湾地区增长减速的经验教训。日本在经历了1955—1973年的超高速增长之后突然出现经济增速的陡降，从1973年之前的9.3%下降到了之后的4%左右，并一直持续到20世纪80年代后期。是的，当时的石油危机和美元与黄金脱钩导致的日元升值只不过是日本经济增长“跳水”的一个导火索，日本经济的核心问题出在从超高速增长模式向适度增长模式的转型轨道上。日本没有处理好这个问题，脱了轨。在这个问题上，韩国和中国台湾地区似乎也没有例外。在诺顿教授看来，日本、韩国和中国台湾地区的教训有理由让我们对中国经济如何实现从超高速增长阶段到适度增长阶段的转型产生疑问。

的确，日本在1973年前后出现的增长跳水实在令人不解。不过，我对诺顿教授给出的韩国和中国台湾地区的增长率下降并不感到惊讶。看上去，它们的减速更加温和与渐进。即使在1973—1990年间，韩国和中国台湾地区都仍然能保持超过7.5%的增长率。1990—2010年间，日本经济增长仅有

0.63%，而与此同时，中国台湾地区和韩国都以超过4%的速度增长。更重要的是，当我们发现韩国和中国台湾地区的增长出现减速的时候，它们的人均收入水平已经在向日本靠拢了。事实上，按照购买力平价（PPP）估计，亚洲四小龙的人均GDP水平接近日本的时间就是在1995—2010年间。因此，韩国和中国台湾地区在保持长达25年的高速增长之后出现减速现象，是基本符合“收敛”原理的。

但日本不同，即使在1973年，按购买力平价估计，它的人均GDP也只有美国的大约60%，它的增长动力突然熄火实属罕见。这种情况与中国1957—1962年间农业集体化时期的农业产出陡降有些类似。可以推测，事情会是由全要素生产率（total factor productivity，TFP）由高速增长突然转变成负增长引起的，问题在于我们并不完全清楚为什么会这样。

的确，在中国，大多数人希望未来中国经济能拥有基于国内消费和多样化的内部需求的新的增长模式，而不是现在基于出口和投资的超高速增长模式。从某种意义上来说，这样的希望是对的，因为支撑超高速增长的需求条件和成本条件有朝一日都是会改变的。诺顿教授并没有提到，多高的增长率是适度的，但适度增长模式是一种可持续的增长模式，它更多依赖可持续的需求条件，它的增长基于大量高素质的劳动力以及国内多样化的市场需求。

诺顿教授提醒，中国可能朝这个适度增长阶段发展，但问题是，当这些需求条件和成本条件的变化过快到来时，中国经济是否能够实现从第一阶段到大多数人期望的下一阶段的平稳转型，是不一定的。现在，与很多人一样，越来越多的经济学家对中国未来是否还能够维持较快的经济增长（比如

8%）深表怀疑，甚至多有经济学家相信，中国经济持续增长的动力基本已消失殆尽，如不进行政治改革，中国经济的崩溃也是在所难免。

这些悲观的看法看上去的确与我们看到的中国经济这些年来积累的一些结构性问题相吻合。但是，我一再认为，中国经济的结构性问题总体上是被夸大了的。诺顿教授在谈到中国经济的结构问题时提到的贸易顺差数据是2007年，这一年，中国的贸易顺差接近于GDP的10%，这是典型的异常值。

事实是，过去十年来，尽管中国的出口强劲，但贸易顺差占GDP的比重仅有3%左右，谈不上什么严重的结构失衡。国内家庭消费的增长尽管慢于GDP的增长，但过去10年，两者的增长率差距却是一直在缩小，到今天也只有差不多1个百分点的差距。另外，考虑到未来40%的农村人口将涌入城市，可以预期未来20年的城镇化过程释放的投资需求依然巨大。

至于多数人对中国投资效率的批评言论，我认为也需要更谨慎些。我与中欧国际工商学院（CEIBS）的朱天教授最近的一个计算多少让我们有了些信心。中国过去20年间平均的增量资本产出比（ICOR，也就是平均投资率除以平均增长率）是4.06，与1981—1990年间3.86的平均ICOR相比只是略有上升。要知道，做到这一点是非常不容易的。随着经济发展水平的提高和人均收入的上升，ICOR一般都会上升。我们根据世界银行的数据计算还发现，高收入国家作为一个整体在上述两个10年间的ICOR分别是6.32和12.62，岂不是上升得更多？而相比之下，中国投资效率的变化总体上却并不大，绝对水平值更低。这一结果其实是很容易理解的，因为不然的话，我们将无法解释过去20年中国何以保持年均10.5%的增长率。因此，我认为，谨慎对待中国经济的未来是必要的，但过于悲观是没有道理的。

在过去的20年，中国经济的超高速增长（10.5%）是不争的事实。由于经济超高速增长，正如诺顿教授提到的那样，我们今天发现原来支撑经济高速增长的成本条件和需求条件正在发生戏剧性的变化。这些变化包括：农村剩余劳动力的转移速度在显著放慢，工资在持续上升；教育的不断普及使得低技能劳动力的比重持续下降；工业用地的成本在大幅度上升；人民币持续升值，贸易摩擦也在加剧。我们很容易发现，超高速增长带来的这些条件变化改变的其实是成本，所以我们不妨说一个新的成本条件正在形成。

至于需求条件，似乎还找不到明显的证据来证明它将发生不利的改变。事实上，未来维持高增长的需求条件并不是在恶化。这是因为，当前出口增速的急剧下滑只是全球经济修复时的暂时现象，与部分欧美国家的贸易摩擦加剧反映出中国出口的潜力和竞争优势依然巨大；随着工资收入的上涨和城市化的加快，国内的消费增长和消费升级只会加速而不会减速；进一步的城市化和工业化释放的投资需求还将维持起码15至20年。

既然这样，中国经济在未来是否还能维持高增长，主要取决于增长模式如何成功地来适应新的成本条件，也就是诺顿教授所说的，如何从原来的增长模式平稳转型到新的增长模式上来。很显然，新的增长模式如何能够适应新的成本条件，或者从另外一个角度说，新的成本条件是否能成功诱导出新的增长模式，当然就是一个关键。

在两个增长模式的衔接问题上，我没有诺顿教授那么悲观，因为我认为在增长模式转型问题上中国比日本有优势。日本之所以出现增长模式转型衔接上的问题，造成增长率的大幅度跳水，日本的规模太小自然是主因。第一，由于规模小，国内需求有限，日本经济的超高速增长长期严重依赖出口；第二，由于经济规模小，成本条件的改变来的就比较猛烈，对经济增长的打击自然就比较大。

1973年的石油危机和美元与黄金脱钩之后日元的首次大幅度升值均造成日本的出口遭遇滑铁卢，日本国内市场狭小使得企业无法很好找到应对这些外部条件变化的缓冲余地。

再比如，日本经济学家的研究发现，刘易斯拐点出现于上世纪60年代中，这个时期正处于日本经济高速增长的半途中。由于没有缓冲的余地，城乡劳动力流动的终结和工资上升的影响不仅来得快，而且影响特别大；工业用地成本的上涨也来得凶猛，对投资造成重创。这些条件的变化迫使日本的企业不得不逃离日本以求生存，后来就演变成日本经济的“空洞化”现象。

另外，日本国内的服务业过于封闭，受到政府的高度保护，也造成国内经济转型的困难。这是日本经济在面临成本条件改变时不能很好应对的主要原因。

我想提醒诺顿教授，为什么中国不能将增长动力从东部地区转移到内地省份呢？那些地区拥有相对足够的劳动力，是能够保持经济快速增长的。事实上，鉴于中国规模巨大，地区或省份之间差异之大超过了大多数的经济体，所以成本条件的改变不可能像日本那样猛烈，对经济增长的影响也会温和得多。

作为一种模式过渡的渠道，中国是有机会将经济引擎逐渐转移到内地省份的，这是因为即使中国沿海地区面临非技能劳动力的短缺，中国在未来10年甚至15年里仍然拥有数量可观的低技能劳动力。这些劳动力之所以不能够再像之前那样流向东部地区，是因为东部的那些制造业企业不再能够承受工资上涨的压力，它们自己是需要转移出东部地区的。

这些年，如果你在中国的内地省份呆过，你会发现中国的内部省份的支付大量投资于公共基础设施并努力接受来自东部地区的企业投资和工厂转移。不难理解，由此大多数内地省份的GDP增长率这些年都超过了10%，而东部地区的增长有所回落。所以，不同于小的经济体，中国自己拥有“雁阵机制”来缓冲新的成本条件的压力，这样的话，在两个增长阶段和模式之间出现转轨断裂几乎是不可能的。相反，中国可能通过将资本在地区间的再分配这样的过渡途径，来保持未来10年或20年的持续高速增长。的确，中国的内地发展可能是增长模式平稳转型的天然渠道。

从未来15—20年来看，中国经济的潜在增长率并不低，低速增长（5%或以下）的可能性极小。中国的人均资本存量还只有大约1万美元，不到美国的10%，为韩国的25%。即使未来10年整体上中国进入了中上等收入的阶段，中国内部的地区之间依然有巨大的追赶空间。东部与中西部地区、沿海和内地的人均资本存量与人均收入差距非常大（见图2-1、图2-2）。

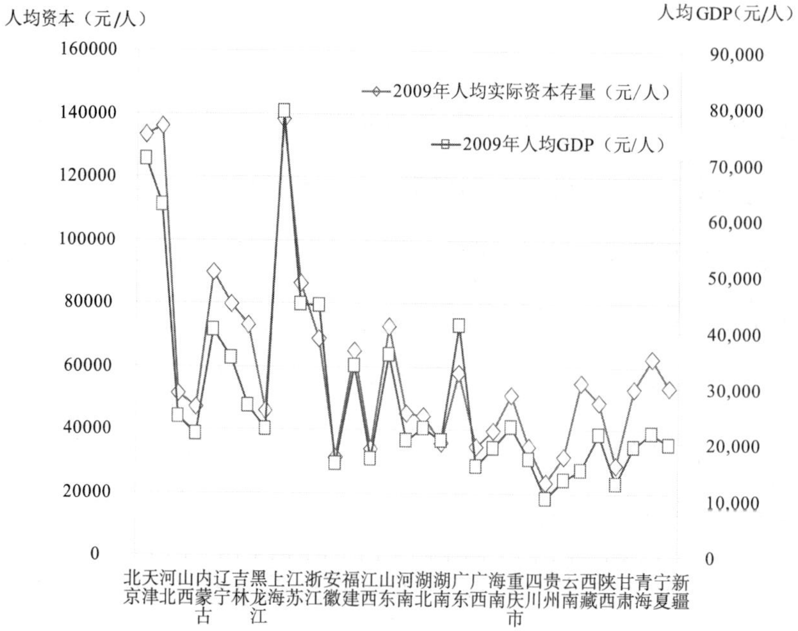

图2-1　我国地区人均资本存量与人均GDP的比较（2009）

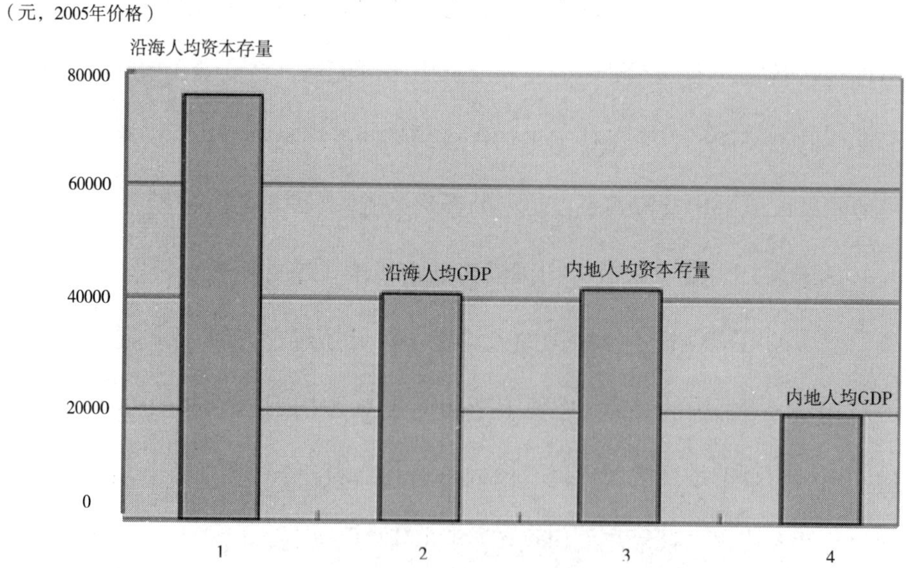

图2-2　沿海与内地的落差（2009）

从工业化和城市化的进程来看，投资需求依然旺盛，这是因为：第一，农业和第一产业的就业比重至今依然偏大，向制造业和服务业转移的空间依然巨大（见图2-3）。以过去30年平均每年1%的速度来降低第一产业的就业比重，中国也需要20年才能使其就业在部门间的分配比重变得接近大多数中高收入国家的均值。 第二，中国的城市化率刚达到51%，未来要达到中高收入国家的平均水平，还需要提高20个百分点，这还需要20年。

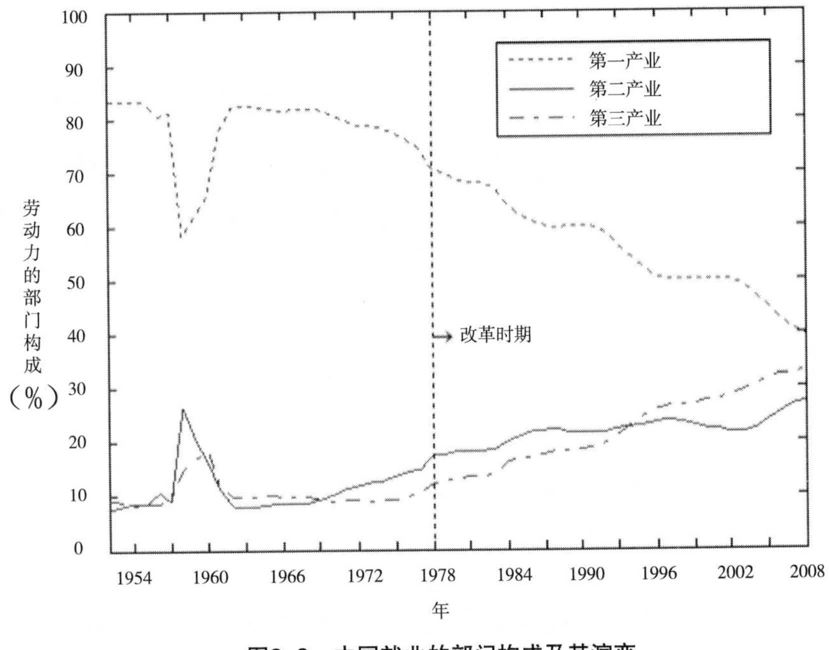

图2-3 中国就业的部门构成及其演变

实现增长模式转型需要鼓励经济结构的多样化。中国经济需要适应新的成本条件，这可能要持续一段时间，结构的升级不可能瞬间发生。好的信号是，我们已经观察到劳动力和资本已经开始在地区之间发生快速流动了。长三角和珠三角的大批企业已向内地迁入。服务业在东部沿海地区的发展势头非常好。之前我已说明，中国经济是否可以成功地使经济结构多样化来适应新的成本条件至关重要。这意味着，结构转型将在未来中国经济高速增长的轨道上继续发挥作用，不仅支撑平稳过渡，也将对未来的全要素生产率的增长做出贡献。考虑到正在变化的条件，特别是高素质劳动力的快速增长以及经济结构的转型，我相信全要素生产率将在中国未来经济增长中扮演重要角色。

新的成本条件的出现是经济调整和结构变化的催化剂。向新的增长模式的转型依赖于产业在地区间的成功转换。正如现在的局面那样，增长引擎正在转移到投资需求日渐增长和劳动力丰富的内陆省份，这有助于实现经济结构的转变。在一些像长三角和珠三角这样的经济发达的地区，产业升级和新兴产业的成长正在发生。过去20年来在一些产业园区和高科技园区培育的创业型企业正在快速成长，并得到高素质人力资源储备的支持，这是很有希望的。它们将成为东部地区未来的增长点。生产性服务业和金融贸易正在取代制造业，成为东部地区主要城市的经济流量。

与此同时，在产业升级换代和向新的增长阶段过渡中，外商直接投资（FDI）将扮演更加重要的角色。我之所以要强调这一点，是因为在成功保持了过去20年的高速增长之后，政府对外商直接投资的限制看上去是在增加，甚至对外资的重要性的认识也有很大的改变。今天更多的人开始把外商直接投资看成是与我们争夺资源、市场和利润的对手，这实在是大错特错。我们过去在很多产业发展上的成功经验充分证明，向外资开放的产业，无论技术进步还是结构升级，都表现得更好而不是更差。我们对广东省和浙江省的研究也显示，在30年前发展水平和资源禀赋等方面极其相似的两个省，30年来两地产业结构升级的演变轨迹却出现很大不同。广东的表现好于浙江，而外资的参与程度是一个重要的原因。

中国需要通过不断进行改革来避免结构性问题的长期化，保持体制的灵活性以确保未来15—20年的高增长。在过去30年，中国的体制在适应变化的环境方面保持了足够的弹性，避免了数次重大外部震荡对中国经济的冲击。

今天，中国经济需要面对新的成本条件，向新的增长阶段转型，新一届政府需要致力于克服经济动态调整中的阻力，推进持续的经济改革进程。诺顿教授和我在这个问题上的观点是一致的。政府在这一点上做得好坏直接决定未来增长模式的转换能否平稳。

耶鲁大学的发展经济学家拉尼斯教授在十多年前重新评价东亚模式时说过，过去经济学家对于东亚经济成功的秘诀是在于市场还是在于政府争论不休，其实，东亚经济可以总结的最成功的经验与教训只有一个，那就是政策制定者如何能够使经济去适应变化了的环境，是否在私有经济增长并要求政策调整时能够成功做出变化。在经济的发展进程中，大概每十年就会有新的挑战出现，政府如何通过保持体制的灵活，以更好地迎合国内经济和私有经济的新的需求，对于顺利应对挑战进而跨上新台阶至关重要。这句话对当下中国不也同样具有警示意义吗？

（本文发表于2012年10月16日《东方早报·上海经济评论》）

背景资料

中国：调整以适应高速增长阶段的终结

巴里·诺顿

在美国做演讲时，每当谈及中国经济减速，我总是向听众强调，应当区分短期和长期经济减速的差别，短期和长期经济减速的本质是不同的。当下中国经济的短期减速是由于受到国内几个宏观经济因素的负面影响，以及欧洲经济下滑的拖累。而我对长期经济增长的变化更感兴趣，其实，当我们关注中国经济短期下滑的同时，也不得不留意到中国经济超高速发展阶段正走向终结。

中国“超高速增长”阶段面临终结

过去几十年，中国经济的增长速度非常快，中国在2007年的经济体量是1978年的12.5倍。这一“超高速增长”（hyper-growth）是由这几个因素驱动的：1990年代的成功改革，促进快速结构改变的大量投资，成为世贸组织成员，以及2008年之前强劲的全球经济增长。

中国并不是第一个经历“超高速增长”阶段的经济体。所谓“超高速增长”，是指经济不仅高速增长，而且保持持续性的高速增长，一般持续20年甚至25年。

历史上日本、韩国、新加坡，以及中国的台湾地区都经历过这样的发展阶段。的确，中国在“超高速增长”阶段，和历史上其他经历这一经济增长阶段的经济体相比，速度更快，持续的时间更长，但根本上中国的“超高速增长”阶段走向终结的模式会与其他经济体类似。

这些经历过“超高速增长”的经济体有一些共同点，比如在实物资本和人力资本上的投入都很高（政府、外资、私人企业都投入很高），汇率维持低水平且对出口商有优惠政策。

除了这些共同点之外，每个经济体也都有组织商业活动的不同方式。也就是说，每个经济体的策略都力图适应自己的制度，与此同时，也以不同的方式依赖外国商业和外国投资。

比如，在日本，企业集团（keiretsu）、经营多种业务的联合大企业、综合商社（贸易公司，sogo shosha）起主要作用，大公司数量较少，使得政府容易进行协调。而在中国台湾地区，由于存在有效竞争市场、灵活的合同关系环境，小型企业扮演主要角色，大公司出现较晚，也更为专业。韩国的大财团（chaebol）类似于日本的企业集团，不过最后在核心业务上变得更专业。在20世纪80年代，中国先发展沿海城市，允许来自香港和台湾地区的公司将产地转移到内地。“双轨制”模式下，大的国有公司、小型私人公司及外资公司都发挥了重要作用。

从图2-4中可以了解经历过“超高速增长”阶段的几个经济体GDP增长率的变化。1950年到1973年之间，日本有些年份的经济增长率大约为10.4%，几乎和中国在“超高速增长”阶段GDP的增速一样高。但是1973年，日本的GDP增长率降至5%左右，这个转折点之后，日本GDP增长率再也没能高于6%。

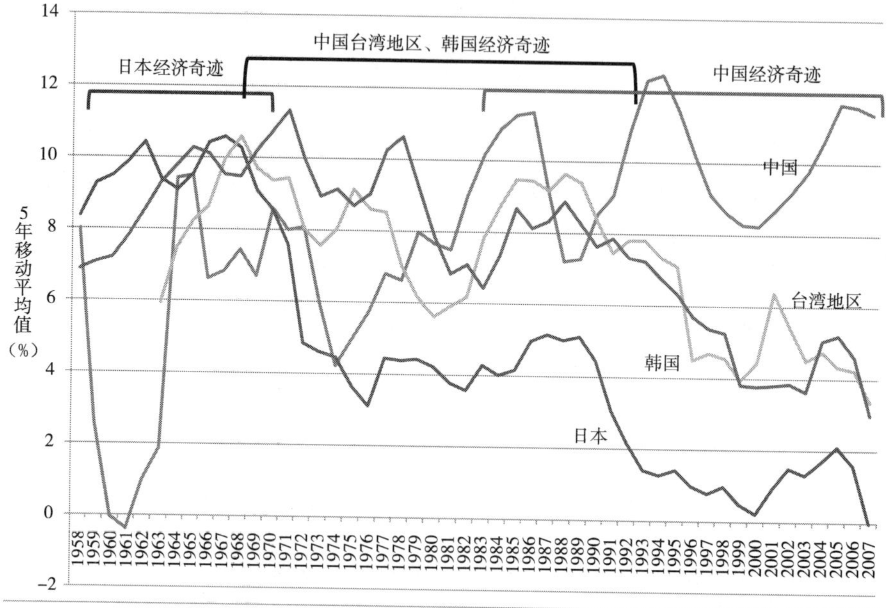

图2-4　GDP增长率比较

经济学上有很多理论可以解释，为什么高速经济增长阶段会走向终结。不过，所有的理论都在暗示高速增长应该逐渐结束，理论上劳动力增长、结构转型、投资增长率等都应逐渐放缓。但是，实际的经验则是另一番景象。

从图2-4中可以看出，日本GDP增长率是突然出现了下降，而且之后再也没能反弹回之前的高速增长。这种情况并非日本独有，韩国的情况与日本略有不同，终归相似。图2-4中，韩国GDP增长率经历20—25年的高速经济增长后，突然下降，尽管之后韩国GDP增长率高于日本，但是同样，韩国GDP增长率也是骤然下降。中国台湾地区同样演绎着类似的故事。我们可以解释，为什么这些经济体的GDP增速会突然下降吗？我的回答是尚且不能。

研究这些案例时，我们知道日本在1970年前后经历了第一次石油危机，而韩国、中国台湾地区等则是上世纪90年代受到了亚洲金融危机的影响。也就是说，这些经济体"超高速增长"阶段的结束都有比较相似的模式——外部因素导致经济危机，经济危机似乎看起来和高速增长阶段的结束并没有特别的关联，却标志着经济高速增长的终结。

这点很奇怪，许多经济学家对此做过深度研究，如Barry Eichengreen（编注：巴里·艾肯格林，加州大学伯克利分校经济学系教授）曾经试图找出答案，他们用了很大的样本（35—40个国家），给每个国家编排函数，却没有找到可以解释的答案。他们发现，当经济高速增长阶段结束时，这些经济体的资本与劳动力增长对经济增长的贡献都有下降，全要素生产率增长也降低。这些发现能帮助我们更多地了解事实，却不能够真正解释原因，我们仍不知道为何全要率增长率增长会突然降低。

我们现在知道"超高速增长"的结束往往由短期危机引发，短期危机受外部因素影响。但是，却难以解释为什么危机之后出现高速增长的终结，这对经济学家来说是个坏消息，却不得不面对。

中国向"适度增长"的转变艰难

如果我们将曾有过高速增长的经济体的经验应用到中国，我们应该期待发现外部因素导致中国"超高速增长"的终结，但是我认为外部因素不足以解释中国何以转向低速度增长阶段。

所有的"超高速增长"阶段最终都会结束，而中国的"超高速增长"阶段的结束，会由劳动力供给条件的改变带来——中国将不再是一个"劳动力过剩"的国家。

中国的劳动力供给情况正在发生变化。虽然劳动力投入的变化，不能够充分解释增长模式的转变，不过可以料想到中国在劳动力供给方面的变化将是巨大的，因为几个因素的改变同时发生：第一，新增劳动人口数量下降；第二，城市化速度放缓；第三，劳动供给结构发生变化，劳动力受教育情况不同往日，接受高等教育者占比显著上升；第四，未来退休人口数量将急速上升，出现老龄化现象。这些改变已然发生，并且只会加速。

图2–5是中国2010年人口年龄金字塔图。2000年到2010年，劳动力的增长是中国经济快速增长的因素之一。观察图2–5可以发现，因为中国实施计划生育政策，人口出生率下降，20岁以下年龄组的人口规模，比20—50岁年龄组的人口规模要小得多。也就是说，中国的年轻劳动力已经开始减少，而很多劳动力开始进入退休年龄阶段。对于结束“超高速增长”模式，转向新增长模式的国家而言，这个变化是一个转折点。

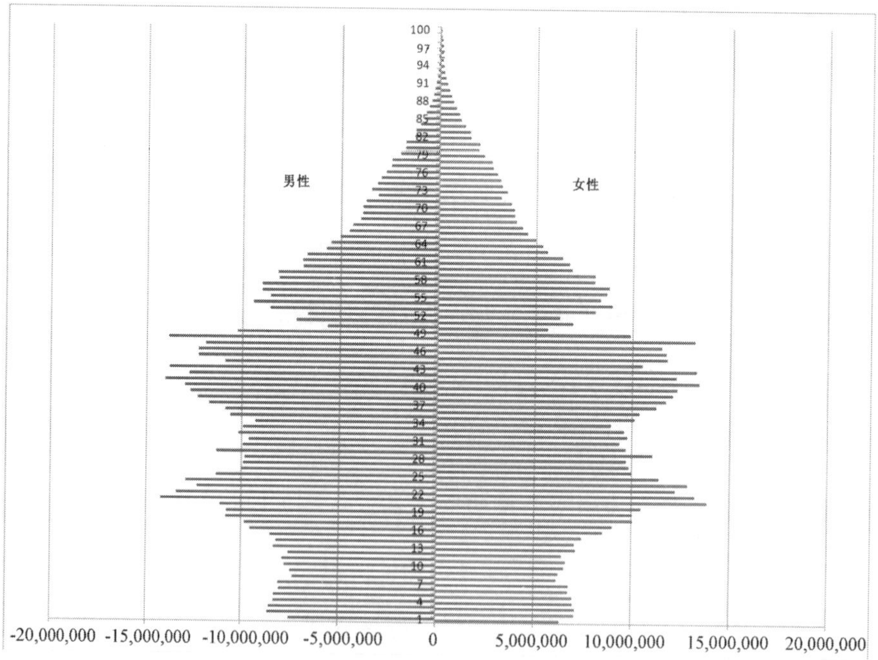

图2–5　中国人口年龄金字塔图（2010年）

我的想法是，中国经济要经历的改变，会更加艰难。中国劳动力的供求情况，尤其要注意中国无技能劳动力规模下降（不仅是没有之前规模增速快，而是已然开始收缩），而有技能的劳动力规模以非常快的速度增长。从长期来看，这是好事。但是，这也要求经济体能够在很短的时间内适应这种变化。

中国劳动市场的变化，会产生诸多影响。对出口商来说，就是持续增加的成本压力。一方面，出口商将面临提高薪资、改善工作条件、提供更好福利的压力；另一方面，也还有其他成本压力，如在可预见的将来，出口商要面对更高的信贷成本和人民币适度升值。

众所周知，过去十年，中国经济增长是由出口、高投资驱动。特别是在2007年，当年中国经济的增速是14.2%，其中2.5%归功于净出口，而另外6.1%的增长来自投资。

我从这些事实得出的结论是，中国的“超高速增长”的终结和向新的增长模式的转型会更加艰难，会发生相伴而来的原来模式的瓦解、经济衰退与危机，经历过这种转变的经济体都有过类似的经历。

也许，从“超高速增长”到“适度增长”转型之所以如此困难，原因之一是，这两种不同的增长模式依赖不同的经济增长要素间的内部关系。我们可以把这两种不同的增长模式，看做两个不同的良性循环圈（virtuous cycles）。

“超高速增长”阶段的特征包括：高净出口额，快速的收入增长，高储蓄，高投资，以及向上游部门投入大量资本。这些要素充分反映了处在这一经济增长阶段的经济体具有的特点，当然，也可以用来描述中国的情况。

中国的经济正在发生变化，如投资虽然有增长，但是和过去十年相比下降了。也许中国的这种循环圈开始变得脆弱，也许某种意义上，这种循环圈的瓦解，能解释为何高速增长的终结引人注目。

"适度增长"阶段是另一种完全不同的良性循环圈，包括的要素有：受教育水平较高的劳动力，更高的家庭收入，快速内需增长，多样化的商业模式，本土创新不断涌现。

问题在于，这两种模式之间缺乏一种自然渐进的过渡途径。有的时候，需要危机来打破之前"超高速增长"的循环圈，进入另一种"适度增长"的循环圈。

政策制定者面临三个挑战

"超高速增长"阶段讨人喜欢的经济环境也有负面作用，就是使得改革缺乏动力。即使是面临全球金融危机的挑战，中国投资和信贷的增长依然很快（只要扩大投资和信贷具有决定性作用）。缺乏忧患意识使改革者们失去了牵引力，所以中国的制度没能够跟上快速的经济发展。

现在，"超高速增长"的时代已经结束了，中国开始进入一个新的、具有挑战性的经济环境，与此同时，也给重新开启经济改革创造了机会。

中国确实仍然拥有完善的基础设施、深度的产业供应基地和持续增长的生产率，还可能在某些产业争取技术超越（如通过给工厂引入更多的技术工人，改变工作路线等）。

不能忽视的是，2012年中国的服装、纺织、玩具、运动产品、家具等产业的出口增长率近乎零，或许，中国出口增长受到欧洲和日本需求减少的影响，但是，这些大的出口种类增长率可能再也无法反弹。

这种长期的转变会导致经济增速放缓。另外，放缓的劳动力规模增长，再加上快速的结构转变，会导致产出规模增长放缓。

在过去10年，中国快速的经济增长主要依靠高投资率维持。这种投资驱动的经济增长不会无限期地延续下去。当投资率下滑时，中国经济如何应对？我们尚不知晓。

我认为，政策制定者主要面临着三个不同时间阶段的挑战：

首先，是增长模式的长期转变。中国劳动力市场的变化，已经超前于制定缓慢的“改变增长模式”政策。中国如何发展高技能的产业，并且成功避免“中等收入陷阱”?中国在转型期将面临的挑战，要多于其他经历过这种转型的经济体，可是中国尚且将赌注放在错误的改革路径上。

其次，是中期的政策转变。中国的高层领导人正在改变和重新评估其促进经济改革和增长的方法。中国的下一届领导人是否会重启经济改革的议程？如果会，我想2013年下半年，中国的经济将会相当复杂。

最后，就是短期的宏观经济转折。中国传统的货币政策维持了一个过度扩张的经济发展阶段，并开始降低流动性过剩。政策制定者会如何应对处于变化中的宏观经济环境？他们会不会为了拥有一个更具持续性的未来，而接受短期经济的放缓？

虽然中国面临的这三个挑战所归属的时间框架不一样，然而，这三个挑战都已成事实。这三个“转折点”的聚合，更显示出中国经济大量内部自由化的重要性，内部自由化可以提供更多的机会。

听闻最近在中国国内有关于凯恩斯主义的讨论。凯恩斯主义主要在短期内有效，应对全球金融危机时，凯恩斯主义起到了作用，并且是阻止或减少经济危机影响的必要工具。

需要注意的是，凯恩斯短期政策会产生长期成本。在任何政治体系里，人们很容易看到凯恩斯政策的短期益处，忽视长期成本，学者们也没有快速分析成本和益处的方法，所以说凯恩斯主义有一个潜在的、本质性的危险，欧洲、美国和中国都正在面临这种挑战。考虑到已经成功运用凯恩斯短期政策，怎样应对棘手的（在每个国家都很不同）长期问题呢？

中国过度依赖短期政府开支（当然，包括通过银行贷款融资的支出）导致经济放缓，甚至可能造成市场经济这个改革方向的扭转。在2009年6月，很明显银行贷款已经超出控制，然而一年多之后政策才适当改变。有些在2009年发起或者加速的项目，到现在仍旧是政府政策的一部分。因此，中国为短期刺激付出的长期代价将相当沉重。

面对刚刚提到的三个挑战，在我看来，短期内，中国不能用凯恩斯式的刺激方案来维持经济的高速增长。如果鼓励给地方政府融资平台提供新的贷款，那将对融资系统危害很大。理论上，可以用财政政策，但实际上当下解决支出增长问题，没有多少别的好选择。短期内最好的政策就是维持现在的宏观政策立场，鼓励贷款给中小企业，设法减少融资成本，允许GDP增长率适度降低。

更难的问题是怎样应对中期和长期挑战。我认为，应对的基本策略是扩大家庭和私人经济在整个经济中的比重。如何做到这点呢？可以减税并且增加私营商业可以繁荣的经济领域。根据具体情况，想出具创造性的解决方案。例如，减税应该意味着减少人们健康保险的支付比重，通过将资产转换成健康保险基金来给未来的健康财政支出融资，同时，继续提高经济效益。此外，也要减少给企业的补贴，尤其是给国有企业的补贴，用这些资金来提高生活质量和环境。

最重要的一点是拆除那些保护国有经济、给国有企业和个人决策者部分垄断特权的壁垒。在过去10年里，中国经济的扭曲日益严重，这也是为什么人们会送礼、结交朋友甚至是给钱，只为了在国有企业谋得一份工作。这样的事情10年前不曾发生，它反映了公平竞争的障碍增多，人们愿意给钱谋求进入一个受保护的领域，而在这个受保护的领域里得到的回报通常相当多。这给经济带来隐性成本。

如能真的付诸努力，障碍又减少的话，中国经济会出现经济生产率增长的波动。当然不是马上，是在几年之内。现在如果能够进行经济政策改革（中期），中国经济可以保持一个相当积极的经济增长率，比方说在未来10年里，有5%到6%的经济增长，从而解决长期问题。这样也可以让中国经济再次自我改革，真的成为世界领先的经济体。

（作者系加州大学圣迭戈分校教授。本文根据作者9月17日在复旦大学“现代经济学系列讲座”的发言整理、补充采访而成，经主办方审订）

理解中国经济快速发展的机制：朱镕基可能是对的

在中国，土地出让金对地方政府的重要性常被人冠之以“土地财政”而备受诟病，因为人们认为是这个土地批租制度导致了住房价格的过快上涨。尽管房价的确在中国的一些沿海城市涨得离谱，但我并不认为“土地财政”与房价两者之间存在直接的因果关系。

事实上，房屋市场上的泡沫存在于任何国家的任何时候。对于一个经济快速发展的国家，房价的上涨更多源自预期收入和需求的过快增长。谁让这个经济增长这么快呢？这是增长的烦恼。

一　引言

应David Greenaway主编的邀请，今天我感到非常荣幸能够在 *World Economy*年度中国讲座上跟大家分享我对中国经济转型和发展模式的一些认识。正是这个邀请让我在过去几个月里不得不去认真整理一下我这些年来所做的有关中国经济增长与发展方面的研究片段。事实上，在2008年，时值中国经济改革和开放30周年之际，我受邀曾在诺丁汉大学、斯德哥尔摩经济学院和大阪工业大学等地就如何诠释中国的经济发展做过几次演讲。在那些演讲的基础上，今天我才能够更系统地展现给各位一个框架，而且我认为这个框架有助于更好地诠释中国经济快速发展的机制，从而帮助人们理解中国经济在过去20年来的经济发展的经验。

就在前不久，也就是2011年7月26日，纽约大学的Nouriel Roubini教授在上海交通大学高级金融研究院做了一个演讲。他在演讲中提到，中国经济过去的高速增长是靠出口和巨大的固定资产投资支撑的，而且他说高储蓄和低消费是一个不可持续的增长模式。这也是当下非常流行的看法。但我想指出的是，这一说法并不像它们看上去的那么正确。例如，尽管中国的出口值相对于GDP超过了30%，但平均而言，净出口（net exports）占GDP的份额过去

10年平均仅有3.3%，这几年更是在2%以下。更有意思的是，Roubini教授把经济增长的源泉归结于需求的构成，这显然不是经济学家应该有的理解长期经济增长的方法。需求因素，特别是消费需求，并不能作为解释长期经济增长的源泉，相反，它最好被理解为经济增长的结果。因此，站在需求方，断言中国经济过去的高速增长依靠了过度出口和过度投资，忽略了消费，是无益于揭示20年来中国经济发展的逻辑与机制的。这种似是而非的言论之所以大行其道，大概皆可归因于当下源于美国和欧洲的全球经济危机。由于过于强调消费需求对经济发展的重要性，储蓄再一次被诅咒而不再被视为美德。然而，令人匪夷所思的是，尽管这种分析短期经济波动和商业周期的逻辑并不能用于对长期经济增长的解释和预测，那些著名的经济学家为什么今天也随波逐流？

那么，要阐释经济发展的机制，我们应该从哪开始呢？什么才是经济发展的核心问题呢？还是让我们听一下Arthur Lewis在1954年怎么说的吧。他在著名的论文《劳动力无限供给下的经济发展》（*Economic Development with Unlimited Supply of Labor*）中写道：“在经济发展的理论中，核心的问题是要弄清楚一个经济体从前的储蓄和投资仅占其国民收入的4%—5%，甚至更少，是如何能将其自愿储蓄提高到占其国民收入的12%或15%，甚至更高的。之所以这是核心问题，那是因为经济发展的核心事实是资本（包括资本中包含的知识和技能）的快速积累。”

毫无疑问，中国现在的高投资率反映的是中国目前的国民储蓄率仍处于较高水平这一阶段性事实。这没有错。消费占比的下降只是相对于GDP的比重下降，并不是绝对水平的减少。遗憾的是，中国的统计人员没有能够在统计上处理好家庭的服务消费和“推断租金”（imputed rents）的问题，从而对家庭消费开支的核算存在系统性的低估。①但即使这样，中国在20世纪90年代之后的20年也一直保持着消费的较快增长，扣除通货膨胀因素的复合增长率达8.6%，而同一时期世界经济整体的消费增长率则不到3%。②另外还需要指出，中国在过去20年来消费占比的下降并不是国民储蓄率升高的必然结果，因为过去20年，中国的国民储蓄率升高主要是公司部门和政府的公共储蓄得以提高的结果，家庭储蓄率的变化其实并不显著。③而非居民部门储蓄率提高（从而投资占GDP比率的上升）的一个重要原因是过去20年来年劳动报酬占国民收入的比重（所谓的“劳动份额”）持续下降（罗长远和张军，2009 a,b；白重恩和钱震杰，2009）。那么，为什么会出现这一现象呢？

包括我在内的不少经济学家做了各种努力，试图找到答案。在我们的一个研究中，我们把全国层面的劳动报酬占国民收入的比重分解到了中国的各个省份，于是发现了这个现象背后的有趣规律。利用地区的资金流量表，我

① 自从中国在20世纪90年代末放弃福利分房制度并启动住房市场之后，家庭必然为购买住房而储蓄。如今在城乡房屋私有化率高达近90%的情况下，国家统计局不得不承认，由于缺乏足够可靠的历史资料来估算“推断租金”，国家统计局只是使用家庭缴纳的维修基金和物业费以及房屋装修开支等粗略估计家庭用于住房消费的开支。根据这一估计，中国普通家庭住房消费占家庭消费开支的比重仅为7%左右，显然低估了家庭在住房消费上的支出水平。另外，国家统计局利用现有的官方社保、医疗、金融、保险等部门的统计资料进行推算家庭服务支出的做法也低估了家庭在教育、医疗及金融中介服务等方面的实际开支。

② Arvind Subramanian（2011）在最近出版的著作*Eclipse: Living in the Shadow of China's Economic Dominance*中使用“佩恩表”（Penn World Tables）的购买力平价数据计算发现，在与东亚经济高增长的相似阶段，中国人均消费的增长也显著快于日本、中国香港地区、新加坡、韩国和中国台湾地区等。顺便提一下，这个比照结果不仅说明中国在过去20年人均消费的增长有较好记录，而且对那些指责中国一直实行贸易重商主义政策的言论也有申辩之义。

③ 中国的家庭储蓄率（占GDP）大约维持在20%左右。而过去20年以来公司部门的储蓄率增长较快并且已经超过了家庭部门的储蓄率。

们计算发现，上海的劳动报酬占比是全国最低的，而经济贫穷的贵州和广西则是全国最高的（罗长远和张军，2009b）。[①]这似乎是说，农业份额大的省份，劳动报酬占比就往往比较高，而工业化程度和城市化水平比较高的省份，劳动报酬占比就比较低。为什么这样？这不难解释，因为农业部门的资本—劳动比率大大低于工业部门。因此，劳动份额的持续下降趋势反映的实际上是中国经济结构的升级过程。也就是说，在过去20年，越来越多的省份实现着经济结构的升级，经历着工业化和城市化的进程。在这个结构变化过程中，农业在GDP中的份额在下降，而制造业和服务业的份额则在上升，这样一个结构变化很大程度上导致了我们观察到的劳动报酬在GDP中的占比出现下降的趋势。

所以我认为，上述现象的出现主要是经济结构变化造成的。这是一个非常积极的信号，因为结构变化是经济发展的一个非常重要的机制。经济发展是经济结构不断升级的过程，在这个过程中，劳动力、资本和土地等要素开始从传统部门逐步被配置到生产率更高的现代部门，从而实现人均收入的不断提高。不用说，过去20年，中国正处于快速工业化的发展阶段，制造业在GDP中的份额持续增加，而将来，随着服务业在各省的经济结构中变得越来越重要，全国层面上观察到的劳动报酬在整个国民收入当中的份额就会止跌回升。这意味着，随着劳动份额的提高，未来中国的国民储蓄占GDP的比重也会随着经济发展进入到更高阶段和人均收入水平的提高而逐步下降。东亚四小龙在30—40年前都是世界上储蓄率最高的经济体之一，但今天不是。但

① 例如，在2000年，上海的劳动收入份额是34.99，而广西和贵州分别是64.33和60.85。

是他们早期经济发展的成功经验告诉我们，如果能在储蓄率高的阶段推进有效的资本形成，人均收入就可以获得更快的增长，从而成功缩小与发达国家的收入差距。①

因此，过去20年来中国工业化（和城市化）进程在地方间不平衡地推进是解释劳动报酬份额的下降和国民储蓄率提高的主要因素。不难理解，工业化显著提高了一个地区的劳动生产率，而中国的农村释放出来的巨大规模的劳动供给量又使得非技能工人的工资增长相对缓慢。这就让资本的回报和政府的收入获得了更快的增长。我的这一解释幸运地得到了卢锋（2006）的一项研究的证实。卢锋发现，在1978—1990年间，中国制造业的劳动生产率的年均增长率仅有1.85%，但在进入90年代之后，随着资本积累和工业化的加速，制造业的劳动生产率增速开始大幅提升，其中1991—2004年间的年均增长率达到13.1%，而1994—2004年间的年均增长率则达到15.5%，均大大高于同期人均GDP和工资的增速。

二　过去20年工业化与资本积累的几个典型事实

你也许留意到了，刚才我多次提到工业化和资本积累是在过去20年里得以加速的。你会感到好奇，中国经济的改革始自1978年，为什么工业化（城市化）是从20世纪90年代之后开始加快的呢？为了回答这个问题，我先陈述一下90年代中期以来我们可以观察到的关于工业化和资本积累加速的几个典

① 北京大学的蔡洪滨教授做的研究显示，消费率、投资率、出口占GDP的比重、基尼系数等变量并不是决定能否成功跨越所谓“中等收入陷阱”的因素，因为它们会随着经济发展阶段的改变而发生变化。

型事实：

第一个典型事实是，资本形成的速度在20世纪90年代中期之后显著加快。在1979—1993年，实际资本存量的增长率只有1位数，而之后开始加速，平均达到每年大约13%的增长。如图3-1所示，这使得实际的资本产出比率从1994年前后开始上升。

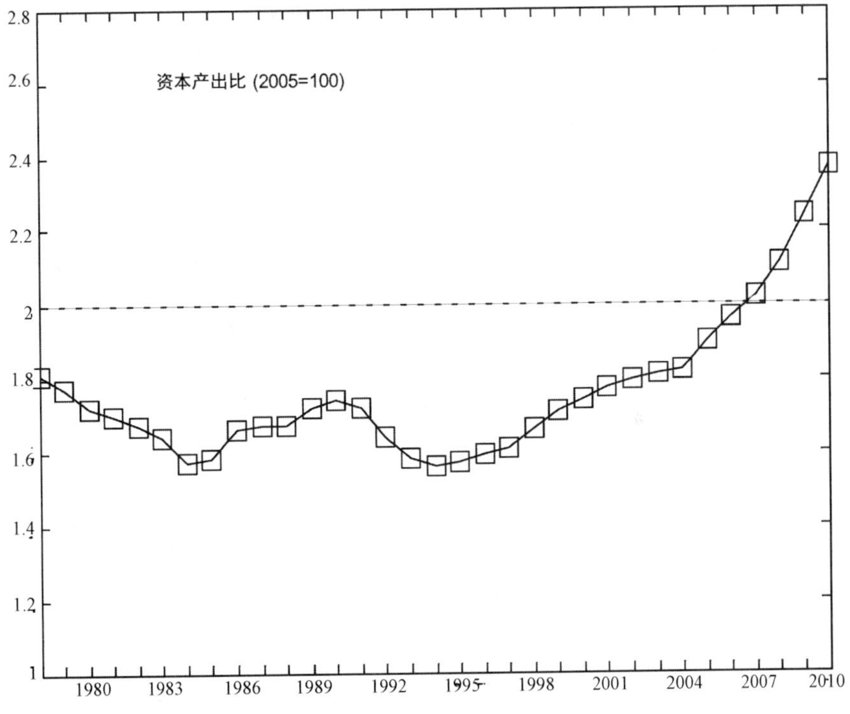

图3–1　中国资本产出比的演变

注：资本存量数据是31个省级资本存量的加总，该数据系列来自于Zhang（2008），陈诗一将该数据系列推广到了2010年。在形成本图时，作者用2005年为基期的投资品价格指数和GDP隐含价格指数分别对资本和GDP做了价格缩减。

第二个典型事实由图3-2给出。在图3-2我们可以清楚地观察到，也是在90年代中期之后，用于公共基础设施的投资几乎在所有省份都经历了跳跃式的增长，成为资本积累加速的重要助推器。从那以后，以交通、通信、能源和城市公共设施为代表的中国基础设施的水准得以前所未有的持续改善。[①]

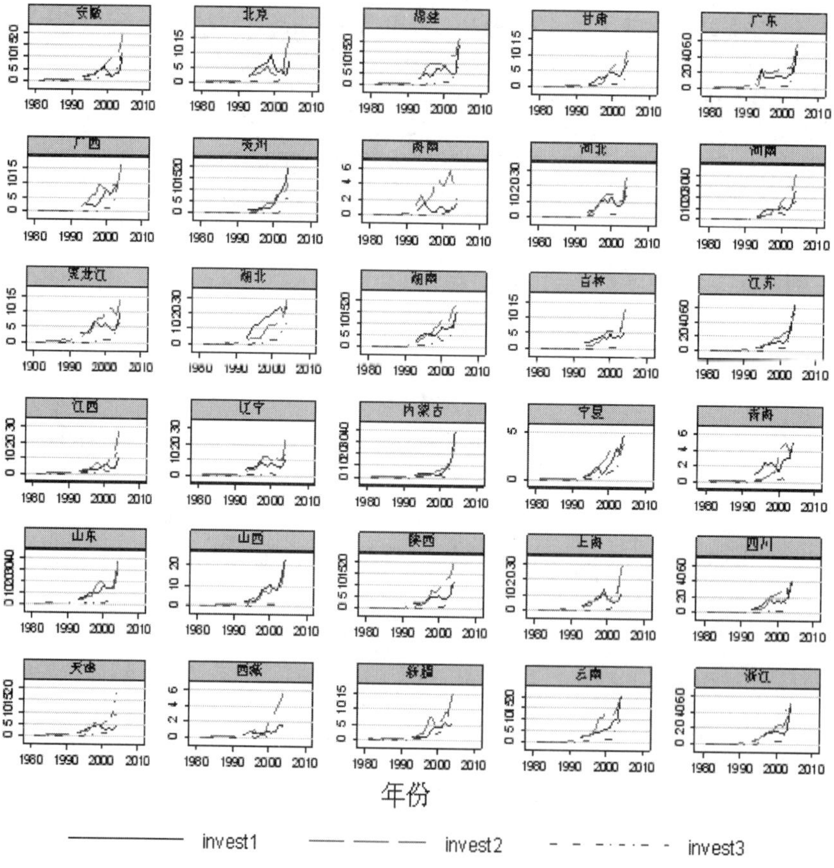

图3-2　1981—2004各省基础设施投资变化（单位：10亿元）

注：invest1指电力、煤气及水的生产和供应业投资；invest2指交通、运输、仓储和邮电业投资；invest3指水利、环境和公共设施管理业投资。另外，重庆市1997年及以后的数据并入了四川省。

资料来源：张军等（2007）。

① 张军（2011）提供了过去20年来中国在基础设施的投资及融资方式演变的详细介绍。在另一个经验研究中，张军等（2007）解释了为什么中国拥有了良好的基础设施。

第三个典型事实是，来自地方政府的资本支出在这一时期的资本形成中扮演着重要角色。每年平均大约40%的资本支出是来自政府的，尤其是地方各级政府。而中央政府在基本建设投资项目中的资助比例则持续下降，过去10年平均只有10%左右（如图3-3所示）。地方政府的资本支出主要不再是对国有企业的资本投入，而是用于公共基础设施以及其他社会公共资本（social overhead capital）的建设。事实上，各级地方政府开始成为资本积累的积极鼓励者和有力推动者。

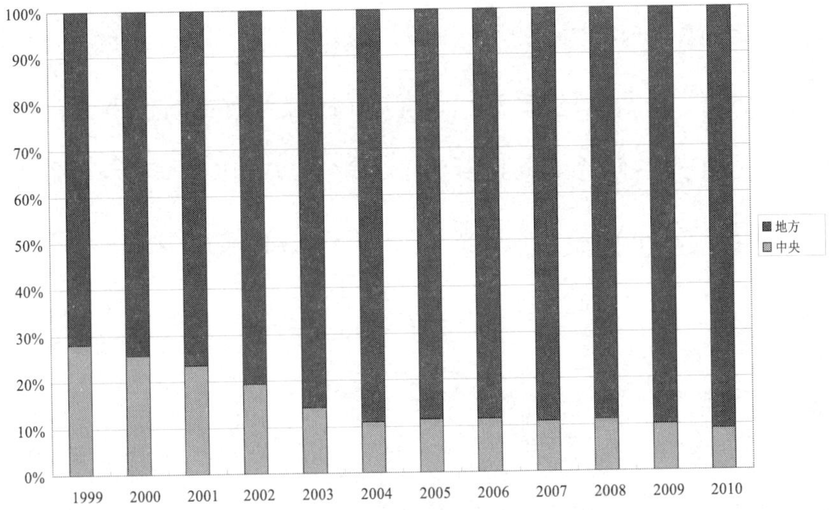

图3-3　固定资产投资的中央—地方比例

资料来源：国家统计局，2011，《中国统计年鉴》。

第四个典型事实是，尽管在90年代之后工业化和资本积累加快了，但资本的回报并没有出现恶化趋势（Bai, Hsieh and Qian, 2006）。很大程度上这得益于20世纪90年代后期政府对国有部门的结构改革使得资本和劳动要素的跨地区和跨部门流动变得更加容易，资本的分配效率在这一时期得到不断改善（Chen, Jefferson and Zhang, 2011）。[①]因此，工业化和资本积累在90年代之后的加速是过去20年来中国实现经济快速和持续增长的引擎。

以上这四个典型事实提醒我们，发生在20世纪90年代之后的加速工业化现象不应该理解为中央政府自上而下制定和实施工业化战略和选择性产业政策的结果，正相反，经济的市场化和各级地方政府成为了工业化和资本形成加速的有力推动者。正是后者让90年代之后的工业化道路与之前40年的工业化道路有了显著的区别，这也是理解90年代之后资本积累和经济发展机制的关键。在相当长的时期内（至少在50年代到80年代中），中国的工业化和资本积累一直是靠自上而下执行产业政策并在计划投资的体制里推进的，其教训是，自上而下执行产业政策的后果往往导致对基础设施等公共投资的严重不足，也导致更多的资本最先被配置到经济相对落后的内地省份而不是去帮助东部发达地区的经济起飞。不妨大胆设想一下，如果90年代之后的这种工

① 虽然经济学家中对中国的投资效率和投资回报率持批评态度的并不少见，但对投资回报率做出估计的并不多见。在2006年前后，世界银行、清华大学和北京大学的研究小组几乎同时开展的独立研究没有在总量层面上发现中国的投资回报率有明显的恶化趋势。那些批评中国投资过度的经济学家往往指出中国的产能过剩问题。尽管某些产业或者产品的产能过剩是完全可能的，但这并不足以证明存在结构性的产能过剩问题，否则就难以与过去20年中国经济高速增长的经验事实相吻合。也有较多经济学家用增量资本产出比率（ICOR）的上升来证明中国投资效率有恶化的趋势，理由是，中国的投资率（投资占GDP的比率）比20年前高了很多，但经济增长速度并没有更快。需要指出的是，ICOR对经济的短期波动非常敏感，因此，在计算ICOR时，必须使用较长时间跨度的平均值才有意义。根据我们的计算，中国在2001—2010的10年间的平均ICOR（平均投资率除以平均增长率）是4.06，与1981—1990年间3.86的平均ICOR相比只是略有上升，而这种上升其实是非常正常的。随着经济发展水平和人均收入的提高，一个国家的ICOR一般也会上升。事实上，发达国家的ICOR要远高于中国的水平。根据世界银行的数据，高收入国家作为一个整体在上述两个10年间的ICOR分别是6.32和12.62。所以，不能简单地用ICOR来判断一个国家的投资效率。如果一定要用这个指标的话，那么中国的投资效率就几乎位于世界的最前列了（朱天和张军，2012）。

业化进程（从而资本积累）是在选择性产业政策的框架里自上而下执行的，中国似乎难以避免再度发生因过度工业化和丧失经济效率造成的经济衰退。以此推断，90年代之后工业化进程的加速和资本的深化不可能是集权计划决策体制的结果，不是自上而下执行产业政策的结果，更像是市场、分权和政府间竞争导致的结果，因为没有以竞争为基础的有效的资本分配和让地方政府自主的激励机制，中国经济不可能在90年代之后因为工业化的加速和资本深化而保持持久的快速增长势头。

可是，作为提高地方政府自主性改革的内容之一，中央政府在财政上和决策上向地方政府的放权和分权早在20世纪80年代就完成了，而且地方政府之间的竞争在80年代也就因此而存在，为什么工业化和资本积累的加速发生在90年代之后？众所周知，在中国经济改革的头10年，农业改革和乡村的工业化（以所谓的乡镇企业的崛起为特色）无疑是经济增长的最大贡献者。在这一时期，原有的计划经济的管理体制基本没有改变。但为了调动地方政府的积极性，中央政府尝试了向地方政府的财政分权，以财政承包制的形式将更多的财政收入留给了地方。然而，整个80年代，虽然实行了财政承包并给予了地方更多的自主权，但城市的工业化和资本积累速度依然缓慢。财政分权引发的更多是地区之间的市场封锁与分割等严重的地方主义和保护主义的行为，重复建设损害了资本分配的效率，国有企业受到保护，并最终在宏观上导致反复不断的恶性通货膨胀，经济大起大落，经济增长的基础非常脆弱并极易波动。[①]而所有这一切在90年代之后都趋于消失不见了。所以，仅仅看到了财政分权和向地方的放权还不够，还需要更周密地考虑发生在90年代之后的更重要的制度变化，方能解释地方的工业化和资本积累加速的现象。

过去的20年里，那些把财政分权与经济增长相联系的文献（所谓中国式的财政联邦主义）在试图解释改革以来中国经济增长的现象时，常常并不考虑90年代与80年代在制度改革和增长机制上的差异，而仅仅关注和强调这种财政联邦主义总体而言对经济增长的好处，忽略了财政分权在80年代为地方政府追逐严重地方主义行为提供的强大激励。[②]的确，对中国而言，分权的好处很大。中国有2860多个县，30多个省，有600多个城市，将近300个地级市，不仅经济在行政管理体制上被分割成了最小的行政单位，而且在一个行政的区划内，几乎所有的资源都控制在地方政府的手上。这跟大多数西方经济很不一样，在西方，经济资源多数为私人部门或者家庭拥有，经济决策和经济活动多由这些私人部门来做出和安排，跟地方政府没有直接的关系；而在中国，所有的经济资源都在地方政府手上，经济增长需要层层的分权并调动了基层政府的积极性之后才能发生。张五常（Steven Cheung, 2009）先生一直强调“县”非常重要，因为所有的土地资源都在县一级政府手里，因此

① 2000年4月，在一篇题为“Redistribution in a Decentralized Economy：Growth and Inflation in China under Reform”的论文中，Brand and Zhu证实了财政分权是1981—1993年间中国频繁出现通货膨胀的根源（Brandt and Zhu, 2000）。2005年，在另一篇也是讨论中国的财政分权与宏观不稳定的论文中，作者也发现，中国不断发生的通货膨胀是财政上向地方政府分权的一个不可避免的结果。地方政府不断获得的财政自主权经过一个传导机制最后推动了货币创造，使货币供给常常失去控制，从而总是频繁地发生通货膨胀。按照他们的说法，中国的经济分权对实物产出有显著的正面影响，但财政分权却不利于物价的稳定（Feltenstein and Iwata, 2005）。

② 关于中国的财政分权与经济增长的研究文献，可参见Zhang and Zou（1998），Lin and Liu（2000），以及Jin，Qian and Weingast（2005）等。

一个省要实现增长的话，就要确保县（市）一级的增长。[①]可是，虽然这种组织架构对于分权的潜在收益来说非常大，但也意味着分权的潜在成本和风险同样很大，因为在这种组织架构内，要确保上下级政府的“激励兼容”和协调有冲突的利益也会变得十分困难。在分权体制下，地方政府倾向于过度追逐地方主义的目标，如果缺乏有力的协调机制，势必导致全国层面上出现经济混乱和宏观经济的高度不稳定。实际上，这个“激励不兼容”的问题非常困扰中国。不仅在计划经济时期，而且在80年代的改革方案中，中央政府也未能解决好这个问题。那时候的改革只有对财政分权的考虑而没有设计好处理“激励不兼容”和协调问题的方案，结果宏观经济一直摆脱不了大起大落和恶性通货膨胀反复发生的顽症。[②]

那么，20世纪90年代到底发生了什么使得中国的财政分权体制在保留了财政联邦主义好处的同时又大大限制了地方政府追逐地方主义和保护主义目标的能力呢？Blanchard and Shleifer（2001）似乎把原因归结为了中国的政治集权，认为是政治的集权体制削弱了地方政府对局部目标的追逐。他们写道:“近来关于中国财政联邦主义的讨论中，在褒扬分权的好处时是有所忽略的。我们所能说的是，财政联邦主义带来的分权的好处很大程度上取决于某种形式的政治集权。没有这种集权，地方政府追逐地方主义的动机就会过大，而且仅仅通过巧妙的经济与财政的安排是很难消除的。”我不得不说，

① 张五常说：“今天的中国，主要的经济权力不在村，不在镇，不在市，不在省，也不在北京，而是在县的手上。理由是，决定土地使用的权力落在县之手。”（Cheung, 2009, p. 63）

② 在20世纪80年代，民主德国的经济学家访问中国时曾经对中国的经济改革政策评价道，已有的改革尽是微观的改革，看不到任何宏观层面的改革。

这一解释并不令人信服，因为同样是集权的政治和中央对地方高官的任命制在20世纪整个80年代却没能有效克服地方主义行为的流行，相反，这一行为在80年代后期愈演愈烈，最后导致宏观经济的严重失衡和经济生活的混乱。显然，那个使得财政分权的体制在保留了财政联邦主义的好处的同时又大大约束了地方政府的地方主义行为的改革应该出现在90年代初，而我认为，那就是中央政府1993年定型的在中央与地方的财政关系上用“分税制”取代收入分享制的方案。

得出这个结论似乎是显而易见的，因为分税制的出台原本就是中央政府针对20世纪整个80年代的财政分权导致的地方主义行为泛滥和宏观经济不稳定做出的一种制度性回应，旨在解决中央与地方政府之间的“激励不兼容”。但我认为，分税制的影响远不止这些，我在后面会进一步说明，正是分税制帮助加速了中国经济的市场化、工业化和资本积累的进程。这或许是分税制的积极推动者、时任国务院副总理的朱镕基先生当初意想不到的结果。而如果是这样，那就真是通过“clever economic and fiscal arrangement”（巧妙的经济与财政安排）改变诱导地方主义行为的那种激励机制了。

三　分税制改革如何改变了增长的激励？

我曾经强调说，在中国经济改革的30年里，1993—2003这10年非常重要。为什么？答案很简单，这10年中国完成了针对计划体制和国有部门的几乎所有的结构性改革，建立起了中国经济的市场基调（market fundamentals）。[①]在此之上，政府的经济政策（包括应对1992—1993年的恶性通货膨胀以及1997年的亚洲金融风暴）也基本上没有大的偏误。这确保了中国经济的宏观平稳和国民财富的快速积累。在那些观察和研究中国经济改革的经济学家当中，1993年总是被界定为一个分界线。不少经济学家在总结那段时期的改革时总是说，1993年之后，中国开始真正加快了市场化改革的步伐，更坚决地朝市场经济体制转轨。有些人甚至认为中国的改革战略在1993年前后有了可以观察到的显著改变。例如，Barry Naughton（2008）把1993年之后的改革战略的改变归结于邓小平在党内面对的政治阻力的消除。这没有错。但是，经济学家似乎更希望知道的是，1993年之后的中国政府为了构建邓小平设想的市场经济体制的基调到底做了什么，为什么那么做可能是对的。当然，那10年也正是朱镕基先生担任副总理和总理的10年。[②]这解释了我为什么选择“朱镕基可能是对的”作为我今天的演讲题目。接下来我要讨论1994年开始实施的分税制改革如何改变了地方政府的约束和激励机制，并且如何让地方的恶性竞争变成为了实现经济增长而展开的良性竞争，导致工业化和资本积累的加速。

1980年以后，中央与地方的财政关系进入一个以“划分收支、分级包

① 实现宏观经济的稳定需要进行国有经济部门（包括企业、银行、财政与社会福利）的结构性改革，因为国有经济制度是宏观不稳定的体制根源。1993年之后，中国真正开始了针对国有企业、银行、公共财政体制及社会保障为代表的所谓结构性改革。没有这些改革，要长期保持宏观稳定是不可能的。关于这一时期结构性改革的有关政策，也部分反映在朱镕基先生刚刚出版的《朱镕基讲话实录》第2—3卷中。参见朱镕基（2011，第2卷，第3卷）。

② 朱镕基是1949年新中国成立以来的第5位总理。他在担任副总理期间（1991—1998）负责经济改革工作。即使在担任总理期间（1998—2003），经济的稳定与增长也还是他的主要职责。

干”为特征的体制。[①]实行财政包干体制的目的是为了激励地方政府的积极性，让地方政府可以从自身努力中获得好处。为此，在中央与地方政府签订财政承包合同时事先确定了地方财政收入的留成比率和上缴比率，所以这种财政体制也时常被称为“分灶吃饭”。由于各地区的经济发展水平和初始的财政条件差异很大，在实际执行过程中各地区的包干方案是有所不同的。根据钟晓敏（1998）的说法，在1980年到1985年间，大概有4类方案在不同的地区得到了执行，但一半以上的省份实行的是按设定比例上缴中央收入的最标准的固定比率分享合约。在当时的改革设计中，中央政府本来只是想把这种“分灶吃饭”的体制作为过渡体制，准备实行5年，之后改为按照税种划分中央与地方各自财政收入范围的“分税制”。但后因情况的变化，中央政府反而在1988年决定要将这个财政包干的体制继续执行下去，并且向更大的范围做了推广。结果，财政包干体制最终覆盖了37个省、直辖市、自治区和计划单列城市。如表3-1所示，由于更多地考虑到地方经济发展程度的差异和财政条件，财政包干的安排实际上有6种之多。

表3-1　1988—1993年中央与地方的财政收入分享合约类型

	收入递增包干		总额分成	总额分成加增长分成		上解递增包干		定额上解（亿元）	定额补助（亿元）
	合同规定的增长率（%）	地方流成率（%）		总额分成比例（%）	增长分成比例（%）	上解额(亿元)	递增包干比例（%）		
北京	4	50							
河北	4.5	70							

① “包干”或者“承包”二字是对“固定租约”（fixed rental contracts）或按固定比例分成合约的俗称。

（续表）

	收入递增包干		总额分成	总额分成加增长分成		上解递增包干		定额上解（亿元）	定额补助（亿元）
	合同规定的增长率（%）	地方流成率（%）		总额分成比例（%）	增长分成比例（%）	上解额（亿元）	递增包干比例（%）		
辽宁	3.5	58.3							
沈阳	4	30.3							
江苏	5	41							
浙江	6.5	61.5							
宁波	5.3	27.9							
河南	5	80							
重庆	4	33.5							
哈尔滨	5	45							
天津			46.5						
山西			87.6						
安徽			77.5						
大连				27.7	27.3				
青岛				16	34				
武汉				17	25				
广东						14.1	9		
湖南						8	7		
上海								105	
黑龙江								2.9	
山东								3	
吉林									1.1
江西									0.5
陕西									1.2
甘肃									1.3
福建									0.5
内蒙古									18.4
广西									6.1

（续表）

	收入递增包干		总额分成	总额分成加增长分成		上解递增包干		定额上解（亿元）	定额补助（亿元）
	合同规定的增长率（%）	地方流成率（%）		总额分成比例（%）	增长分成比例（%）	上解额（亿元）	递增包干比例（%）		
西藏									9
宁夏									5.3
新疆									15.3
贵州									7.4
云南									6.7
青海									6.6
海南									1.4

注释：本表的广东包括广州市，陕西包括西安市。武汉和重庆从湖北和四川分离出来后，这些省从向中央提供净税收变为了从中央得到净补贴的省份；它们的收支差额由武汉和重庆向省上缴的收入作为中央给地方政府的补贴加以弥补；武汉和重庆上缴给所在省的百分比分别是4.6%和10.7%。

资料来源：中国财政部预算管理司和IMF财政事务局，《中国政府间财政关系》，中国经济出版社1993年版，第26—27页；钟晓敏（1998），第137—138页。

理论上说，财政包干体制作为一种固定比例的收入分享（revenue-sharing）机制，它的实行理论上应该有助于显著改变地方政府的激励，提高地方政府对增加财政收入的努力，从而推动工业化和经济发展。但有意思的是，在这一体制下出现的反而是财政收入的增长相对于GDP的增长不断下降的趋势。这显然是中央与地方政府缺乏互信而选择策略性行为的结果，也就是说，中央与地方政府陷于一种典型的“囚徒困境”（prisoners' dilemma）之中：由于信息不对称，中央并不完全知道地方政府的具体收入状况，因而地方政府可以很容易地隐瞒自己的收入，比如将预算内的收入转移到预算外或“小金库”中，或者干脆降低征税的努力，从而减少上缴中央的收入。[1]同样由于信息不对称，即使地方政府不隐瞒收入，中央政府也会采取策略性行为，在年终修改年初的分享比例以尽可能增加中央的收入。比如，在80年代中央政府就曾以不同的形式向地方政府“筹借”过大量的资金，而这些借款从来都没有归还。一旦地方政府预期到中央政府的承诺不可信或者行为不一致，自然就更加倾向于隐瞒地方收入了。[2]

把预算内的收入转移到预算外，或者私设“小金库”在那个时期其实已经成为地方政府的重要收入来源。预算外收入的构成和来源并没有固定的模式，但都是地方政府自收自支不纳入预算管理的收入。根据国家统计局的数据，由于预算外资金的增长，到1992年全国预算外资金的规模高达3855亿元，占到了当年预算内财政收入的97.7%（黄肖广，2001）。

无论是地方政府隐瞒真实收入还是征税努力不足，基于财政包干合同的收入分享制的推行最终导致全部财政预算收入的增长持续落后于GDP的增长，使得财政收入占GDP的比重从1984年的22.8%下降到1993年的12.3%；同时，中央财政收入占全部财政收入的比重也出现持续下降的趋势，从1984年的40.5%下降到1993年的22%。这两个比重的持续下降表明，财政的分权大大削弱了中央政府对于经济的控制力，而同时地方政府的预算外收入则获

① 在《分权的底线》一书中，王绍光教授说：“如果地方政府不遗余力地加大征税力度，它们有理由担忧，中央会在下一轮谈判中调高他们的上缴比重。所有地方政府都知道他们与中央达成的分成合同会在几年之内重新讨论，而中央政府则背着‘鞭打快牛’的坏名声——财政收入快速增长的省份，基数可能调低，上缴比重可能调高。事先预料到中央的这种事后机会主义，地方政府的响应是自己的机会主义，即征税努力程度上留一手”。

② 黄佩华（Wong, 2005）提到，中央为了扩大在财政收入总额中所占的份额，采取多种措施频频从地方财政“抽调”资金。她列举的事件包括：从1981年起，国家每年发行国库券，并向地方借款；1983年起开征能源交通重点建设基金，并将骨干企业收归中央；1987年，发行电力建设债券；1988年取消少数民族定额补助递增规定。除此之外，中央还陆续出台一些被戏称为“中央请客，地方拿钱”的增收减支措施，致使财政包干体制变得很不稳定，挫伤地方积极性。

得了快速的增长。中央的财力虽然下降很快，但事权（支出）并没有太大变化，中央政府依然负担着相当大的公共支出和资本建设，中央政府在完成本级政府支出后，已经没有财力协调地方政府的行为并对宏观经济的波动进行有效调控，这无疑为宏观经济的不稳定和通货膨胀埋下了种子。而且，由于过度分权和地方政府的财政势力的扩张，中央政府自上而下的结构性改革方案也很容易遭遇地方政府的阻挠。

1993年11月，中共第十四届三中全会通过了《关于建立社会主义市场经济体制的若干问题的决定》，明确提出了整体推进的改革战略，其中包括要从1994年起建立新的政府间财政关系，用明确划分中央与地方（包括省和县）的税种和征管范围的“分税制”取代原来的财政收入分享制以扭转中央收入占比下降的问题。1993年12月15日，国务院颁布了《关于实行分税制财政管理体制的决定》，对分税制的方案进行了详细的说明，并决定从1994年开始用分税制取代之前的收入分享制。

分税制改革方案的主要内容包括：（1）中央和地方明确划分各自的政府事权和财政支出的范围；（2）中央和地方明确划分各自税收征收的范围，明确划分了中央税、地方税和中央与地方共享税；（3）建立中央和地方税收征管机构，负责各自的税收征管；（4）建立中央对地方的转移支付制度，以税收返还和专项补助来帮助实现地区平衡；（5）推行以增值税为主体的间接税制度，统一个人所得税。在这一制度下，中央与地方共享的预算收入主要来自增值税和资源税，其中增值税部分，中央分享75%，地方分享25%。资源税按不同的品种划分，陆地资源税全部作为地方收入，海洋石油资源税作为中央收入。证券交易印花税在1994年的时候确定为中央与地方各50%，但2002年起改为中央分享97%。

由于分税制改革是对之前财政过度分权的一个纠正，所以分税制无疑是一种财政再集权的努力。[①]这种努力当然会遭遇地方政府的阻力。为了赢得地方，特别是富裕省份的支持，中央采取了保障地方不少于1993年收入基数的过渡政策。中央政府从专享税和分享税中取得的收入如果超过了1993年中央税改前的收入，将多出的部分返还给地方政府，以保障地方政府在实行分税制后的实际收入不低于该地区1993年的水平。这个承诺确保了分税制在1994年如期推行。为此，时任副总理的朱镕基付出了极大的努力，与地方政府的官员进行了多次苦口婆心的解释、恳谈和说服。[②]

由于分税制最终取代了财政承包制，中央财力下滑的趋势得到了明显的纠正。首先，如图3-4所示，分税制后，中央预算收入占全部预算收入的比重下降趋势得到扭转，该比重在1994年后开始上升并稳定在50%—55%的范围内。另外，如图3-5展示的那样，由于80年代的过度分权导致中央与地方的激励不兼容，中国的财政收入占GDP的比重一直处于下降趋势，而在实行分税制后不久，该比重便止跌回升。[③]这意味着中央和地方政府在增加财政收入上是激励兼容的。

---

① 正如我在本演讲中将要说明的那样，就对经济增长的激励而言，中国财政再集权的努力显然是成功的。在经历了财政分权带来的一系列不利后果之后，俄罗斯也试图实行了财政的再集权，但与中国不同，俄罗斯的财政再集权直接导致了公共部门的扩大以及联邦政府对整个经济控制能力的加强，这使得地方政府对促进经济增长的政策缺乏兴趣。财政的再集权之路及其后果在中国与俄罗斯之所以大相径庭，很大程度上是因为中国政府的财政压力远远大于依靠石油收入过日子的俄罗斯（Parker and Thornton, 2007）。

② 朱镕基1993年9月率领中央政府部门官员60余人先后在广东和新疆与地方政府官员进行了面对面的解释和沟通。详细内容，参见《朱镕基讲话实录》，第2卷，第357—374页。

③ 这个问题也常常用另外的方式来提出，即分税制后为什么税收的增长超过GDP的增长。

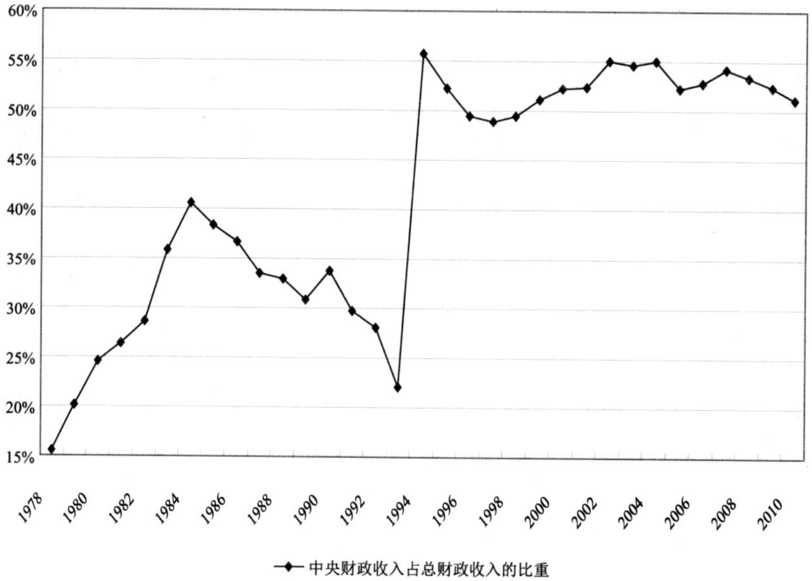

图3-4　中央财政收入占总财政收入的比重演变

资料来源：国家统计局，2011，《中国统计年鉴》。

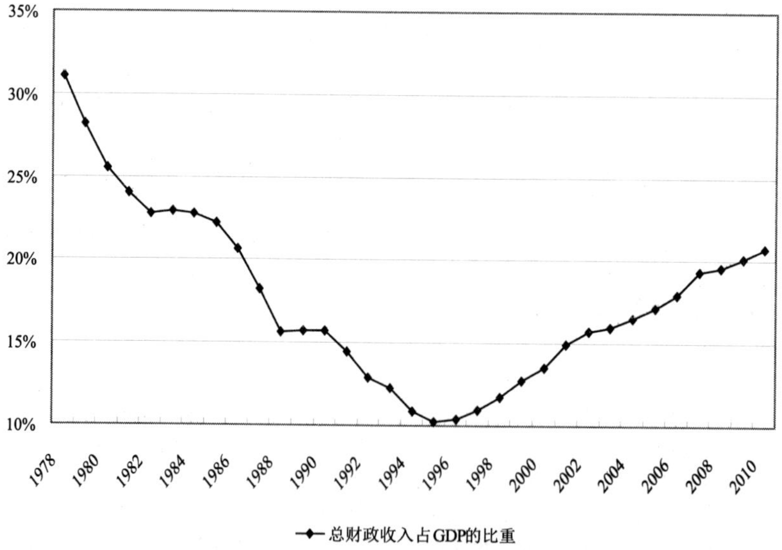

图3-5　财政收入占GDP的比重演变

资料来源：国家统计局，2011，《中国统计年鉴》。

中国的财政收入占GDP的比重在实行分税制之后止跌回升，在很大程度上要归因于分税制中的内存机制，是这种机制保证了政府间的激励兼容性（incentive compatibility）。首先，与之前的财政包干体制不同，在分税制下，中央和地方政府各自拥有独立的税种和税收征收机构（新设国税局以与地税局对应），由于税收收入分开征收，中央的税收并不会对地方政府扩大税收的努力和激励产生冲突和负面作用；其次，在分税制下，政府间分享的是以增值税为代表的税收而不是财政收入，而且因为对增值税的征收相对于财政收入而言更加透明，不同级政府对于税基的了解也较相似，因而相对于财政收入的上缴，地方政府隐瞒增值税收入的动机要小得多；最后，由于中央与地方分享的是增值税，而该税税基的扩大一定与地方政府发展经济的努力程度成正比，因此，地方为扩大增值税而推动经济增长的努力也同时增加了中央政府的收入。

观察一下在实施分税制之后地方政府的预算外收入占比的变化，应该可以为我们验证分税制中内存的上述机制有助于实现政府间的激励兼容性提供一个粗略的证据，这是因为预算外收入可以很好地作为地方政府与中央政府激励不兼容的一个代理变量（proxy）。图3-6给出了基于省级数据计算的地方政府的预算外收入占财政收入的比重（extra/revenue）在1987、1994、1998和2001年四个年份的核密度分布（Kernel density）。很显然，相对于1987年的双峰分布，1994年以及之后的年份，不仅核密度分布曲线变成单峰曲线，而且持续向左移动，表明预算外收入在地方政府收入中的比重在持续下降。

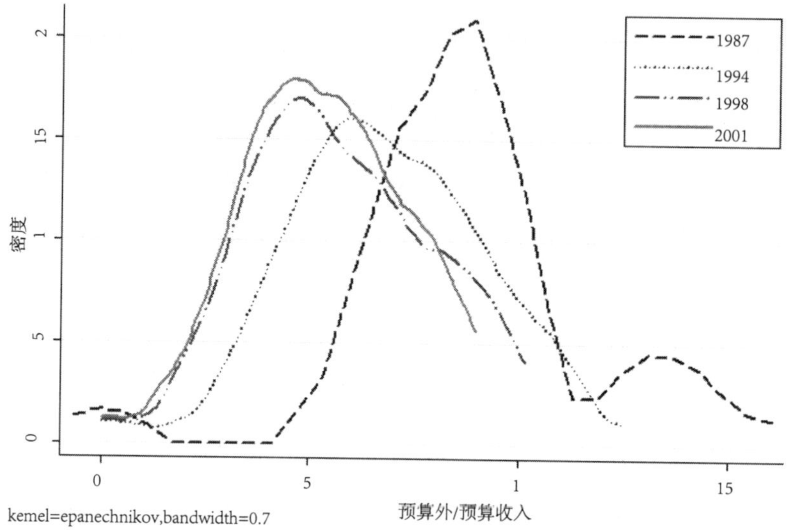

图3-6　预算外收入占预算收入的核密度分布变化

注：该密度分布所使用的数据为省级数据。其中，1987和1994年的数据不包含重庆，1987年不包含海南。

资料来源：中国财政杂志社,《中国财政年鉴》1988、1995、1999和2002年卷。

分税制解决了中央与地方政府之间在激励上的不一致性，而且中央政府开始从地方政府的增值税增长中获得更大的分享比例，使得中央政府的财力不断改善，不仅对实现宏观经济稳定的调控能力大大加强，而且有助于奖惩地方政府的作为以及对结构改革的失利者进行补贴。实际上，也是因为实行了分税制，地方政府扮演的角色开始发生变化。既然地方政府被赋予了独立的税源和可分享的增值税，那么，它们自然就要从国有企业的所有者和补贴者的身份转变成对企业的征税者。地方政府这一角色的改变让中央政府自上而下的结构改革和国有企业的大规模私有化变得容易多了。这部分解释了中国在20世纪90年代后期为何如此迅速地完成了对国有部门的结构性改革。在这一结构性改革中，除了保留了极少数中央控制或者在重要行业的国有企业之外，地方政府原来拥有的大多数中小型国有企业都被私有化了，国有银行部门也迅速实现了资产重组和治理结构的改革，并实行了引进战略投资者等所有权的多元化。随着国有企业的私有化，对原有社会保障体系以及就业和住房制度的改革也得以迅速推进。总而言之，在实行分税制之后的差不多5—6年时间里，中国以一种比较激进的方式完成了被早先的改革计划一再推迟的重要内容。

更重要的是，分税制改革带来的地方政府行为的变化也是解释1994年之后中国经济的市场化和工业化进程得以加快的关键。这就引出我接下来要讨论的中国经济发展的机制了。在我看来，中国经济的市场化和工业化进程的加快是地方政府追逐财政收入最大化的结果，而分税制驱动了地方政府对财政收入最大化的追逐。为了理解这一点，我需要强调指出分税制方案中的一个不对称性：分税制改革只涉及了收入方面，仍然保留了之前的那种让地方政府扮演中央政府的支出代理人角色的支出责任体制。因此，分税制改革必然使得地方政府相对中央政府的支出比例大幅度提高。例如，在2002年，地方政府在全部预算收入中的比重大约为45%，但却负担了全部预算支出的70%。[①]这就意味着，分税制改革实际上强化而不是弱化了地方政府的预算约束。在支出责任与收入权利不对称的情况下，地方政府不得不尽可能追求财政收入的最大化以确保完成本级政府的支出责任。这是地方政府对快速工

① 如果用地方政府的支出占全部政府支出的比重来衡量，中国可能仍然是世界上最分权的国家。

业化的鼓励和支持的逻辑起点。

具体而言，地方政府对快速工业化的极大鼓励很大程度上来源于增值税对地方财政收入的重要性这一事实。在分税制改革之后，增值税成为中央财政收入中贡献最大的税种，而其中25%的增值税由地方政府分成。尽管在边际上地方政府从每增加1元的增值税中只能获得1/4的份额，但是因为增值税是流转税并且主要与投资和加工活动相关联，因而与GDP的联系更紧密。地方政府领导人明白，唯有当地的经济（GDP）增长了，归属地方所有的其他税种，特别是与运输、建筑、房地产及其他服务业相关联的营业税才能有更大的增长。[①]这是因为工业投资对运输和建筑业等生产性服务具有显著的“溢出效应”，并且一旦当地的经济增长了，人口就会流入，就会派生出对住宅和商业地产项目的需求增长，因而增值税的增长也往往伴随之后营业税更快的增长。图3-7清楚地显示，在实行分税制之后，政府的增值税收入占GDP的比重从1995年的4.3%快速上升到了2007年的大约6%。而根据《中国统计年鉴》的数据计算，营业税占GDP的比重在1994年仅有1.4%，之后这一比重则持续上升，到2007年就已超过2.5%。这也是为何20年来中国税收收入的增速快于GDP增速的原因。[②]因此，为了扩大增值税和营业税的税基，地方政府将扩大收入的努力策略性地集中在了工业化方面。地方政府越是努力

① 在分税制改革方案中，交通运输、建筑等部分服务业实行上缴营业税而不是增值税的政策，房地产部门也被征收营业税，而营业税全部上缴地方政府。在90年代末之后，随着经济增长和人口向东部沿海地区流入数量的激增，东部地区的房地产市场开始兴旺起来，营业税开始快速增长，成为地方政府财政收入中最大的来源。

② 1994年之后财政收入的增速快于GDP的增速，征管效率的改善也被认为是一个重要原因。当然，提高征管效率也源于地方政府的财政压力和对财政收入最大化的追逐。

促进工业化，增值税和营业税的增长越快。毋庸置疑，过去20年中国的经济发展就是以快速的工业化和资本积累推动的。尽管没有充分的理由认为在经济发展的战略上中国一定最适合发展制造业，但是1994年之后形成的经济体制却让工业化在中国的经济发展中扮演了更重要的角色。

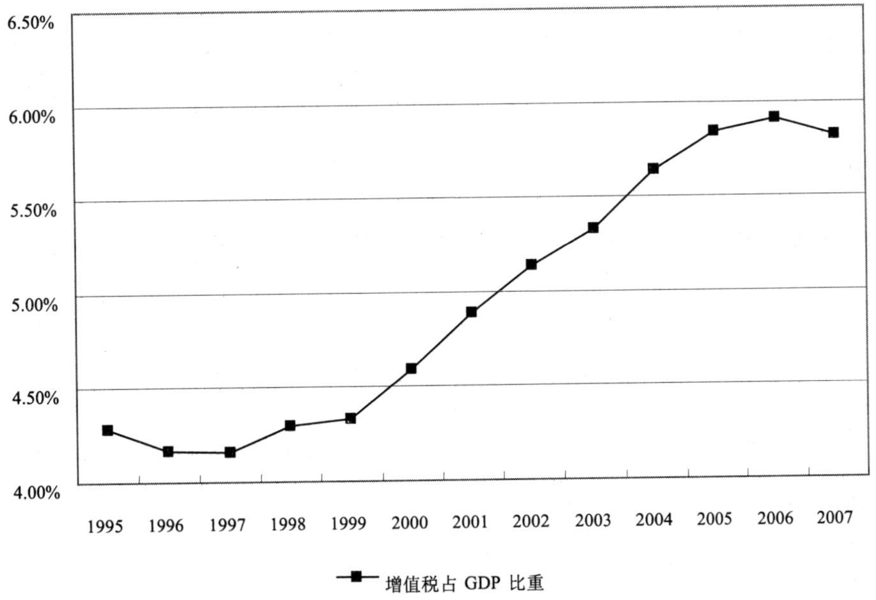

图3–7　增值税占GDP的比重演变

资料来源：中国财政杂志社，2011，《中国财政年鉴》。

值得强调的是，尽管各地方政府具有很强的动力去鼓励和推动地方的工业化和资本积累，但与20世纪80年代流行的地方保护主义和恶性竞争不同，它们的努力却推动着整个经济朝市场化的方向不断发展，而不是相反。1994年之后，虽然地方政府参与经济发展的程度加深了，但中国经济反而越来越开放，市场化程度越来越高。[①]这个看似矛盾的现象是地方政府开展的为“增长而竞争”的结果。在理论上，政府间的这个竞争过程类似Tibout（1957）给出的那个机制，不同的仅仅是，在Tibout那里，是社区民众的“用脚投票”（自由迁徙）机制导致了地方政府之间的竞争，从而确保了地方政府在公共支出上的有效供给水平；而在中国，“用脚投票”的机制是由那些生产性投资者（包括外商直接投资）对投资目的地的选择显示出来的。由于工业化和资本形成可以扩大地方的增值税税基，在中国，地方政府把“招商引资”视为推动地方经济发展的重要手段并成立相应的政府机构来负责。因而，地方政府必然为吸引更多投资者落户而展开横向的竞争。这种竞争保证了地方政府致力于提供公共服务、制定城市规划、投入和改善公共基础设施以及降低政府官僚主义作风等方面的有效努力水平，也大大改善了政府公共支出的效率（陈诗一和张军，2008）。因此，在1994年之后，工业化和资本积累的加速是地方政府追逐增值税而进行Tibout式竞争的结果。这种竞争局面的形成与其说来自于财政分权，还不如说来自于财政的再集权。是1994年的分税制解决了中央与地方激励不兼容的问题，改变了地方政府的行为模式。同时，由于增值税可以间接衡量地方政府致力于经济发展的努力程度，因而这一竞争模式也很好地服务了中央政府对地方官员政绩考核的政治目标。[②]

① 樊纲、王小鲁和朱恒鹏（2010）系统编制了衡量中国市场化程度变化的指数。
② 那些关注政绩的考核制度、官员晋升和政治锦标赛的学者试图要找到官员晋升与当地经济增长绩效之间的正向关系（如Chen et al., 2005; Li and Zhou , 2005）。实际上，我们很容易发现，官员在晋升和政治锦标赛模型中的策略性选择与追求财政收入最大化模型的选择是一致的。

四 地方政府的角色与土地财政

尽管普遍认为中国与东亚经济体在经济发展的战略上有诸多相似之处，但其实两者的经济发展机制存在很大的不同。在东亚四小龙那里，政府的产业政策是推动经济发展的重要机制（The World Bank,1993; Amsden, 1989, 2001），而过去20年推动中国经济发展的最重要力量是地方之间的竞争（regional competition）。而且，与东亚四小龙在经济发展初期大多拥有美国援助或美元贷款的初始条件不同，中国的地方政府要推进工业化和加快资本积累，需要靠自己解决投资资金短缺的问题。也因为这样，“招商引资”这个模式就流行了起来。

的确，“招商引资”这四个字很好地刻画了地方政府推动资本积累和工业化进程的方式。为了成功地招商引资，地方政府不仅制定优惠的税收政策，更重要的是致力于改善公共基础设施和公共服务的水平。这是为什么我说中国地方政府之间的竞争是Tibout式竞争的原因，是外部投资者“用脚投票”的偏好显示机制确保了地方政府公共支出的有效水平。而且确实如此，物质基础设施的持续改善和拥有良好的基础设施正是中国过去20年在经济发展中取得的巨大成就。可是，在1994年分税制之后，地方政府面临了更严厉的公共财政和金融约束。因此，一个非常现实的问题是，地方政府用于公共资本形成的资金从何而来？

早在中国第一个经济特区深圳即将开始建设的1980年，大规模基础设施的建设（所谓的“四通一平”）就面临严峻的资金短缺，除了来自银行的3000万元贷款之外，财政上不能拿出更多的资金。在当时，特区政府能想出的唯一办法也就是出让土地了。在开发深圳罗湖小区时政府曾经估算，至少有40万平方米的土地可作为商业用地，而按照每平方米5000港币计算，政府可以获得20亿港币的收入。在那个时候，这是一个非常大胆的设想，因为政府拥有的土地在《宪法》上是被禁止买卖的。但深圳特区政府出于无奈并得到邓小平先生的默许，率先尝试了有偿使用国家土地的制度。1982年，深圳颁布了《深圳经济特区土地管理暂行规定》，对划拨土地进行了有偿、有期使用的改革。规定还说明了各类划拨用地的使用年限及土地使用费的标准。其中，工业用地最长年限为30年，商业用地20年，商品住宅用地50年教育，科技、医疗卫生用地50年。

随后在1987年，深圳和上海部分借鉴了香港地区的经验，率先实行土地出让或批租的制度。在这个制度下，取得土地的投资者或者开发商，为了获得一定年限的使用权，需要交纳一笔出让金。①在总结土地有偿使用和土地出让试验经验的基础上，《深圳特区土地管理条例》于1988年1月3日正式实施。条例明确规定，土地使用权和所有权相分离。政府拥有土地的所有权，但土地的使用权不但可以出让，而且可以转让、抵押、出租。就在同年的4月，中国的《宪法》进行了再次修改，其中将“土地使用权可以转让”写入了《宪法》，追认了深圳土地制度改革的合法性。在土地批租制度（land

① 1987年的下半年，深圳特区曾分别将三块土地先后以协议、招标和拍卖的方式出让使用权，获得地价款2000余万元。1988年7月，上海虹桥一块1.29公顷的土地通过招标获得2805万美元（折合1.0416亿元人民币）的转让收入。

leasehold system）下，批租的是土地的使用权，不改变土地的所有权。承租人取得的只是某一块土地在一定年限内的使用权，而当批租期限届满，承租人要将这块土地的使用权连同附属其上的建筑物全部无偿地归还给土地所有者即政府。

对政府而言，为了“招商引资”，致力于改善当地的投资环境，特别是进行基础设施的建设，将是巨大的公共投入，而公共储蓄不足是一个严厉的金融约束。这个问题是中国任何一个地方政府在经济发展的初期都面临的问题。深圳和上海的个案经验之所以在1994年之后变成流行模式，成为各级地方政府用于基础设施投资和公共资本形成的重要资金来源，就是因为它确实为地方政府突破这个金融约束找到了出路。

看上去，中国是幸运的，因为地方政府可以获得来自批租土地的收入这个事实是与土地的政府所有制不可分的。在经济发展的早期文献里，土地的私人所有制或者私人可以购买土地被认为是对储蓄的吸纳器。因为私人购置土地会减少生产性的投资资金，从而对投资具有负面的影响（Rosenberg, 1960; Nichols, 1970）。基于这样的看法，Rosenberg（1960）发现，在很多欠发展的经济中，之所以资本积累不足，一个主要的原因就是土地的私有制减少了生产性的投资。从这个意义上说，在中国，土地的政府所有制对地方政府克服公共资本形成和经济发展中所面临的金融约束发挥了重要的作用。可是，在建国之后将近半个世纪的时间里，土地的政府所有制反而禁止了土地的交易，让土地成为免费品，导致土地无法按照级差地租来决定它的用途，从而难以通过被使用到最佳用途上来实现其价值，造成土地的错配、浪费和闲置惊人。所以，在土地政府所有制的局限条件下，深圳和上海率先实行的这个土地使用权与所有权相分离的批租制度是具有划时代意义的，它大大提高了土地的使用和配置效率，并使土地批租收入成为地方政府公共储蓄的重要来源。

在中国的土地制度下，土地的国有制是由各级政府所有制构成的。根据这一制度，城市市区的土地属于国家（地方政府）所有，农村和城市郊区的土地则属于农民集体所有。除了兴办乡镇企业，修建村民住宅、乡（镇）村公共设施和公益事业建设可以被允许使用农民集体所有土地以外，其他任何单位和个人需要使用土地进行投资或基本建设时，都只能申请使用国有（政府）的土地，包括原本就属于国家（政府）所有的土地以及政府征收的原属于农民集体所有的土地。除了少数情况下投资者可以获得政府划拨或租赁的土地，绝大多数情况下地方政府是依赖转让土地使用权（简称为“土地出让”）向投资者提供土地的。例如，在过去的10年，有偿转让使用权的土地面积占政府全部土地供应面积的70%。这使得土地出让金成为了地方政府可以获得的土地供应收入的主要来源。地方政府出让土地的方式有招标、拍卖、挂牌和协议四种方式，但地方政府多以协议出让的方式向生产性的投资者或企业（工矿企业以及仓储）转让土地，而以“招拍挂”的方式转让土地给商业和住宅开发商。如图3-8所示，协议转让的土地价格是远远低于土地的“招拍挂”价格的。在一些情况，为了“招商引资”，地方政府不仅会制定短期的税收优惠政策，而且会“赠送”土地给企业家或其他的生产性投资者。这是政府间竞争导致的策略性结果。这样做符合地方政府将增值税税基最大化的目标。地方政府通过协议或者“招拍挂”方式在土地出让时获得的一次性土地出让金实际上可以解释为未来地租流量的现值，因此，随着土地的租值或价格随经济发展而不断上升，特别是90年代末随着房地产市场的形成和城市化进程的加快，地方政府来自土地批租的收入便获得了快速的增长，成为政府财政收入之外的重要的政府收入。在1999年，土地出让收入占财政收入的比重还只有大约10%，到了2003年，这一比重上升到了55%，之后有所回落，但今天依然保持在35%左右。①

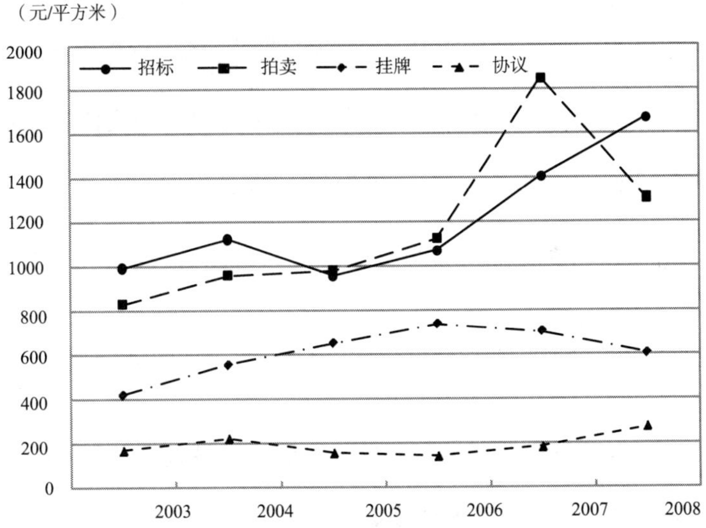

图3–8　土地的协议出让和“招拍挂”价格

资料来源：中华人民共和国国土资源部，《中国国土资源统计年鉴》，2000—2009年各卷。

① 地方政府通过市场机制或者所谓的“招拍挂”方式在土地出让时一次性获得的土地出让金实际上可以解释为未来地租流量的现值，这与西方发达国家通过房产税间接获得的方式从理论上讲是等价的。在房地产市场上，与西方国家征收房产税的制度相比，中国的土地制度和出让方法使得中国的房价相对较高，而持有房屋的成本相对较低。中国至今没有在全国范围内征收房产税，因为地方政府从土地出让金中实际上已经一次性征完了，换句话说，在中国的土地制度下，未来70年的房产税是购房者在购房时一次性预交的。

除了土地批租这个机制之外，土地作为地方公共储蓄功能的另一个机制是地方政府建立起来的融资平台，也就是我们熟知的地方政府的开发公司或者城投公司等。这些公司在功能上类似于“特殊目的的公司”（SPV）。地方政府成立这些公司的目的是为了筹措用于基础设施建设的资金。政府通常以少许的财政资金和划拨土地等政府资产作为城投公司的资本金，而城投公司则利用对一些基础设施的定价权（如公用事业费、公路桥梁的收费权等）或者依赖政府未来财政收入流量，来发行建设债券或者直接向银行借款。由于基础设施的建设和更新有助于地方的招商引资和促进经济增长，从而会增加地方政府未来的增值税，同时，地方政府又拥有可开发的土地储备以及营运的大量公共基础设施等实物资产，因此，城投公司的负债通常来说被认为是安全和有信誉的，颇受银行等金融机构的青睐。总的来说，20多年来，地方融资平台的运行颇为成功，成为地方政府投资建设公共基础设施和大量公益项目的主要融资渠道。之所以地方融资平台没有出现系统性的债务危机，一方面因为大多数基础设施的投资项目日后形成了较为优质的资产，另一方面也因为基础设施的形成对地方的经济发展具有显著的外溢效应，确保了地方财政收入的增长和财政状况的稳健。

五　结束语

至此，我大致描述并讨论了1994年的分税制改革之后中国经济发展的基本机制。的确，要解释过去20年中国经济何以获得如此快速的增长，揭示出这个机制的经济学逻辑是至关重要的。我们看到，这个经济快速发展的机制是1994年的分税制改革和财政再集权的结果，其核心是地方政府对增值税和财政收入最大化的追逐，由此导致了地方政府之间的Tibout竞争。由于地方之间的竞争，地方政府开始更多地扮演招商者的角色，不再去创办国有企业，而是致力于推进当地公共资本的形成和改善投资环境以吸引外部的私人投资者落户。我相信，政府的公共资本支出对私人部门的生产性投资的“挤入效应”（crowing-in effect）是保证中国经济发展成功的重要经验。①而所有这一切在中国变得可能，不是因为中国的地方政府拥有雄厚的财力，而是因为土地的公共所有制使得土地的再配置和基于土地的公共融资变得相对容易。在任何国家，早期的经济发展都离不开对土地的开发和再配置，区别在于难易程度。一般来说，土地私有制下，对土地的开发和土地的再配置要困难得多，不仅如此，正如我们前面提到的那样，在发展中国家，私人拥有土地还往往因为吸纳掉了过多的私人储蓄而对资本形成有负面影响，这构成经济发展的制度性阻碍。而在中国，当国有的土地被允许转让使用权（批租）之后，依靠竞价机制，那些没有得到有效使用的土地或者被错误配置的土地通过土地批租机制进行再配置以得到更有效率的利用。而地方政府也因为竞争性地转让土地使用权获得客观的公共收入以用于基础设施的建设。在竞争条件下，土地使用权的转让价格包含了土地未来的租金收入流，并且后者随着经济增长而不断提高。从这个意义上讲，在土地使用权的竞争性转让制度

① 在为数不多的经验研究中，郭庆旺和赵志耘（1999）以及刘溶沧和马栓友（2001）都证实了这一挤入效应的存在。

下，政府使用类似金融市场的方式将土地未来的收入流量在时间轴上做了很好的平移，从而克服了金融的约束。这是中国经济发展机制中非常重要的一环。

可以推测，由于地价会随经济增长和收入水平的提高而上升，所以地价的变化应会调节资本的再分配。在中国，企业家都明白，随着沿海地区（比如珠三角和长三角）的地价和生产成本的上涨，把制造业迁往内地是不可避免的，因为这样做可以降低成本以保持竞争优势。的确，中国经济发展的巨大空间优势就是地区之间经济发展水平和地价的差别为地区间的产业转移创造了条件，从中长期来说，它也将促进经济发达地区的产业升级与技术进步。这个区域发展的模式似乎比东亚地区更吻合Kaname Akamatsu于40年前提出的经济发展的“雁行模式”。[①]事实上，过去的5年里，我们发现中国沿海地区的制造业资本正在向中西部转移。这是农村的年轻劳动力向东部沿海地区的流动开始放缓的原因，这进一步导致沿海地区的工人工资持续上升。而中西部地区的经济这些年以每年超过10%的速度增长，很大程度上得益于资本的这种跨地区的再分配。确保成功承接来自东部沿海地区的生产性投资和企业的转移，已经成为中西部地区经济发展的重要战略。[②]过去20年间，得益于快速的资本积累和工业化，沿海地区成为了引领中国经济发展的火车头，而今天，中西部地区的生产率正因为资本积累的加快而不断提高，

① 据说，Akatmastu在20世纪30年代就提出了关于发展的雁行模式的概念，但限于日语的局限而不为西方经济学家所知晓。到了60年代，他用英文重新发表了有关这一概念的论文，从而成为经济学家讨论东亚经济发展和工业化的一个重要概念。参见Akatmastu（1962）。

② 这些年来虽然出现一些跨国公司在中国沿海地区的投资撤出中国而转向东南亚地区的案例，但更多的投资和制造业企业迁移到了中西部地区。

与沿海地区的差距有望不断缩小。我深信，中国地区内部的“追赶”对于中国从整体上缩小与发达经济之间的差距至关主要。对经济学家而言，这符合Simon Kuznet（1966）假设的模式，这也是邓小平先生在中国经济改革初期设想并希望遵循的经济发展模式。

然而，在中国，上述经济发展的机制，特别是土地出让金对地方政府的重要性常被人冠之以“土地财政”而备受诟病，因为人们认为是这个土地批租制度导致了住房价格的过快上涨。尽管房价的确在中国的一些沿海城市涨的离谱，但我并不认为“土地财政”与房价两者之间存在直接的因果关系。[①]事实上，房屋市场上的泡沫存在于任何国家的任何时候。在今天的印度，即使土地制度和公共财政制度与中国完全不同，依然在一些大城市出现严重的房地产泡沫。对于一个经济快速发展的国家，房价的上涨更多源自预期收入和需求的过快增长。[②]谁让这个经济增长这么快呢？这是增长的烦恼。

今天我并不希望对中国的经济发展机制做出优劣的评价，也不讨论中国在快速经济发展中面临的问题和未来的挑战。毫无疑问，与很多其他快速发展中的经济一样，中国经济也面临发展中的诸多问题，比如，收入差距、社会保障、环境恶化，特别是快速的老龄化问题。坦率地说，中国面临的这些

---

① 在况伟大和李涛（2012）最近的研究中，他们使用35个大中城市2003—2008年的数据证实，在中国，地价由房价决定。这意味着高房价不是土地“招拍挂”制度的必然结果，而应由需求增长过快来解释。

② 人们经常以中国当前的房价与收入比与美国做对照来评论中国的房价是否过高。但这样的对比是假设了两个国家未来的收入增长率相同。事实上，由于购房的开支是用未来几十年里的收入来偿还的（银行的按揭就是要用未来几十年的收入来偿还的），所以，未来收入的增长趋势对动态计算房价收入比就有显著的影响。陈凌（2009）讨论了在两个经济增长率完全不同的经济里如何动态计算房价收入比的方法。

问题多数是经济发展太快而不是太慢造成的。对这些问题的讨论超出了我今天的主题范围。我今天的演讲是希望回答这样的问题：为什么中国经济在20世纪90年代之后会实现这么快速而持续的增长？是一个什么样的制度和机制提供了增长的驱动力？这样的制度是怎么来的？这些问题之所以很重要，是因为20年前，中国几乎陷入了“局部改革的陷阱”（partial reform trap），悲观情绪弥漫，经济萧条，市场混乱，腐败盛行，宏观失衡，通货膨胀挥之不去。从那时起的10年、20年，中国经济还能不能涅槃重生？几乎没有人看得清楚。然而，奇迹还是很快发生了。时任国务院副总理的朱镕基先生承担起经济改革的重任，大刀阔斧地推行了一系列的制度改革，很快实现“拨乱反正”，将经济推向了快速发展的轨道。从那以后，20年来，中国经济实现了长期的宏观稳定，保持了平均每年超过9%的增长速度，而且无论是中国的城市、乡村还是普通家庭的生活都发生了巨大的和实质性的变化。中国今天已经成为世界第二大经济体。这似乎印证了中国人常说的一句话，叫“乱中取胜”。我希望我今天的演讲能为各位理解中国经济的这个“取胜之道”提供一个有益的线索。

（本文发表于《比较》杂志第63辑）

参考文献

Kaname Akamatsu, 1962, Historical Pattern of Economic Growth in Developing Countries, *The Developing Economies*, 1, 3-25.

Alice Amsden, 2001, *The Rise of "The Rest": Challenges to the West From Late-Industrializing Economies*, Oxford University Press.

Alice Amsden, 1989, *Asia's Next Giant: South Korea and Late Industrialization,* Oxford University Press.

白重恩和钱震杰，2009，“国民收入的要素分配:统计数据背后的故事”，《经济研究》第3期。

Chong-En Bai, Chang-Tai Hsieh, and Yingyi Qian, 2006, *The Return to* Capital in China, *NBER Working Paper,* No. w 12755.

Oliver Blanchard and Andrei Shleifer, 2001, Federalism with and without Political Centralization: China versus Russia, *MIT Working Paper*, 00-15.

Loren Brandt and Xiaodong Zhu, 2000, Redistribution in a Decentralized Economy: Growth and Inflation in China under Reform, *Journal of Political Economy*, 108（2）: 422-439.

蔡洪滨，2011，“中国经济转型与社会流动性”，《比较》第2期（总第53期）。

Binkai Chen and Yang Yao, 2011, The Cursed Virtue: Government Infrastructural Investment and Household Consumption in Chinese Provinces, *Oxford Bulletin of Economics and Statistics,* 73（6）: 856-876.

陈凌，2009，“也谈房价收入比之国际比较”，未发表的打印稿。

Shiyi Chen, Gary Jefferson, and Jun Zhang, 2011, Structural Change, Productivity Growth and Industrial Transformation in China,（with Shiyi Chen and Gary Jefferson）, *China Economic Review,* 22: 133-150.

陈诗一、张军，2008，“财政分权改善了地方财政支出的效率吗？”，《中国社会科学》，2008年第4期。

Ye Chen, Hongbin Li, and Li-An Zhou, 2005, Relative Performance Evaluation and the Turnover of Provincial Leaders in China, *Economics Letters*, 88: 421-425.

Steven Cheung, 2009, *The Economic System of China*, Beijing: China Citic Press.

中国财政部预算管理司和IFM财政事务局，1993，《中国政府间财政关系》，北京：中国经济出版社。

中国国土资源部，《中国国土资源统计年鉴》，北京：地质出版社。

中国财政杂志社，《中国财政年鉴》，北京：中国财政出版社。

樊纲、王小鲁和朱恒鹏，2010，《中国市场化指数》，北京：经济科学出版社。

Andrew Feltenstein and Shigeru Iwata, 2005, Decentralization and

Macroeconomic Performance in China, *Journal of Development Economics*, 76: 481-501.

国家统计局，2011，《中国统计年鉴》，北京：中国统计出版社。

郭庆旺和赵志耘，1999，“论我国财政赤字的拉动效应“，《财贸经济》第6期。

黄肖广，2001，《财政资金的地区分配格局及效应》，苏州：苏州大学出版社。

Hehui Jin, Yingyi Qian and Barry Weingast, 2005, Regional Decentralization and Fiscal Incentives: Federalism, Chinese Style, *Journal of Public Economics*, 89: 1719-1742.

况伟大和李涛，2012，“土地出让方式、地价与房价”，《金融研究》第8期。

Simon Kuznet, 1966, *Modern Economic Growth, Rate, Structure and Spread*, New Haven: Yale University Press.

Athur Lewis, 1954, Economic Development with Unlimited Supply of Labor, *The Manchester School of Economic and Social Studies*, 47（3）: 139-191.

Hongbin Li and Li-An Zhou, 2005, Political Turnover and Economic Performance: The Incentive Role of Personnel Control in China, *Journal of Pubic Economics*, 89: 1743-1762.

Justin Yifu Lin, and Zhiqiang Liu, 2000, Fiscal Decentralization and Economic Growth in China, *Economic Development and Cultural Change*, 49（1）: 1-21。

刘溶沧和马栓友，2001，“赤字、国债与经济增长关系的实证分析——

兼评积极财政政策是否具有挤出效用”，《经济研究》第2期。

罗长远、张军，2009，“经济发展中的劳动收入占比：基于中国产业数据的实证研究”，《中国社会科学》第4期。

罗长远、张军，2009，“劳动收入占比下降的经济学解释：基于中国省级面板数据的分析”，《管理世界》第5期。

Barry Naughton, 2008, A Political Economy of China's Economic Transition, in Loren Brandt and Thomas Rawski（eds）, *China's Great Economic Transformation*, Cambridge University Press.

Donald Nichols, 1970, Land and Economic Growth, *American Economic Review*, 60（3）: 332-340.

Elliott Parker and Judith Thornton, 2007, Fiscal Centralization and Decentralization in Russia and China, *Comparative Economic Studies,* 49（4）: 514-542.

Nathan Rosenberg, 1960, Capital Formation in Underdeveloped Countries, *American Economic Review*, 50（4）: 706-715.

Arvind Subramanian, 2011, *Eclipse: Living in the Shadow of China's Economic Dominance*, Washington: Peterson Institute for International Economics.

Charles Tiebout, 1957, A Pure Theory of Local Expenditure, *Journal of Political Economy*, 64: 416-424.

王绍光，1997，《分权的底限》，北京：中国计划出版社。

Christine Wong, 2005, Can China Change Development Paradigm for the 21st Century? Fiscal Policy Options for Hu Jintao and Wen Jiabao after Two Decades of Muddling Through, *Paper for Stiftung Wissenschaft und Politik*.

World Bank, 1993, *The East Asian Miracle: Economic Growth and Public Policy*, World Bank Policy Research Report, New York: Oxford University Press.

张军，2011，“中国基础设施：投资与评价”，未发表的打印稿。

张军、高远、傅勇和张弘，2007，“中国为什么拥有了良好的基础设施”，《经济研究》第3期。

Jun Zhang, 2008, Estimation of China's Provincial Capital Stock Series（1952-2004） with Application, *Journal of Chinese Economic and Business Studies*, 6（2）:177-196.

Tao Zhang and Heng-fu Zou, 1998, Fiscal Decentralization, Public Spending, and Economic Growth in China, *Journal of Public Economics*, 67:221-240。

钟晓敏，1998，《政府间财政转移支付论》，上海：立信会计出版社。

朱天和张军，2012，“三驾马车之说可以休矣”，《经济观察报》，2012年9月24日。

谁主沉浮？（上）

——读《黯然失色：生活在中国经济主导的阴影下》

这些年，看好中国经济未来的言论在中国的知识界并不受欢迎。但本书在美一出版反应就颇为热烈，甚至顷刻间围绕中美经济对照和较量的讨论在美国再度升温。美国外交关系委员会的著名刊物《外交》还专门组织了一场所谓的“中国大辩论”来推动知识界对中国能否主导全球经济这一命题的深入探讨。

2011底，在华盛顿的智库“彼得森国际经济研究所”（Peterson Institute for International Economics）出版了该所资深研究员Arvind Subramanian教授的一本书，立刻在欧美引起了高度关注。该书使用了一个颇为刺眼的题目*Eclipse: Living in the Shadow of China's Economic Dominance*。很早听说该书的中文版即将出版，书名被翻译成了《黯然失色：生活在中国经济主导的阴影下》，不算最好，而且封面的那幅胡锦涛与奥巴马握手的照片因为受宣传部门的管制在中国不得采用，被迫改为了一幅龙鹰图，也算过得去。眼下尚难预料的是，中文读者对此书的反响程度将会怎样，想必叫好者屈指可数。这能够理解。这些年，看好中国经济未来的言论在中国的知识界并不受欢迎。但英文版的反应颇为热烈，甚至顷刻间围绕中美经济对照和较量的讨论在美国再度升温。美国外交关系委员会的著名刊物《外交》（*Foreign Affairs*）还专门组织了一场所谓的“中国大辩论”（The Great China Debate）来推动知识界对中国能否主导全球经济这一命题的深入探讨。

以我之见，这类的辩论与探讨在美国的经济学界似乎有知识和意识形态层面的价值，这是因为美国经济学界的主流人物在中美经济竞赛问题上普遍持有美国“例外主义”的观念，这种观念已经深深扎根于美国的主流知识分子的头脑中，经济学家尤甚。尽管他们知道英国的降级与美国经济霸权地位的确立在1956年苏伊士运河危机中体现得淋漓尽致，可他们并不认为80年前美国取代英国而获得全球经济权势的历史可以重复，即使他们并不无视和小觑30年来中国经济崛起的事实。Larry Summers在2010年年底离职华盛顿之前的一次讲话典型地显露了这种思维方式。他说："从美国诞生之日起，预测美国衰落的言论就从未消失。但这些言论反而让一代一代的美国人重振精神。我告诉大家，只要我们居安思危，我们就有光明的未来。"

在这样的主流知识环境里，辩论当然更有意义。过去20年里，中国经济的看衰者不计其数，但乐观派也不少见。以研究中国经济著称的美国第二代、第三代经济学家的深度研究对华盛顿的政策颇具影响力。这些年，美国范围内关于中国经济研究的倾心之作不断涌现，多得中国同行的钦佩与认可。在这当中，彼得森国际经济研究所连续出版的中国经济研究著作，虽个头不大，却都有不小的分量。比如，Nick Lardy的《在全球金融危机后继续维持中国经济的增长》（*Sustaining China's Economic growth After the Global Financial Crisis*）和C. Bergsten等人的《中国崛起：挑战与机遇》（China's Rise: Challenges and Opportunities），均有一流研究水准，不可多得。同样，《黯然失色》又为彼得森国际经济研究所添彩不少。与前者不同的是，这是目前为止关于预测未来中国经济和中美经济竞赛的最精彩之作。作者Subramanian教授是牛津训练出来的印裔经济学家，曾在哈佛肯尼迪政府学院任教。他有学院派经济学的功力与技巧，但同时他视野宽广，思维敏捷，有超凡的文字驾驭能力。所有这些品质在这本小书中均得到淋漓尽致的展现。如果你是普通的读者或者媒体人士，你会发现本书导言的内容文字之优美，观点陈述之鲜明，足以让你赞不绝口。对于那些关心中国和全球经济秩序的政治家们一定会被本书最后两章的分析逻辑所打动。而所有对本书第2章到第7章的讨论内容产生兴趣或者被这些讨论所吸引的人注意，你需要有足够的经济学训练与知识储备。尽管这是一本可以只读头尾的书，但它真正吸引我的却是渗透在第2章到第7章中的作者的经济学功力、处理问题的技巧以及宽广的视野。

所谓可以只读头尾，我是说，不仅这本书的核心命题在本书的导言和结尾处都进行了陈述，而且头尾两章实可单独成篇。以导言部分的阐述为原型，我把作者在本书提出的这个核心命题做如下归纳：按照保守的估计和推算，并且以GDP、贸易和外部金融实力的加权指数来衡量，在2020年之前全球经济主导者（包括全球储备货币）的角色必将从美国转移到中国，而且中国主导全球经济的深度与广度均超出现在可能的想象。这个地位与1870年前后的英国和第二次世界大战后的美国大体相当。到2030年，用购买力平价估算，中国的GDP约占全球的25%（美国占12%），与美国在1950年的地位相似，超过英国在1870年的全球占比。中国的贸易量在2030年约占全球的20%弱，美国那时将占7%，这个数字大于美国在主导全球经济时的贸易份额，但小于英国在1870年24%的比重。

何为经济主导？知识界的学者们自然可以用不少篇幅来讨论一个国家在国际上拥有的超级权势、霸权、硬软实力等概念的含义，但Arvind的“经济主导”（economic dominance）概念直截了当，仅对经济实力加以定性，不涉及政治和文化等软性影响。在此定义的基础上，Arvind还进一步构造了一个可以度量一个国家主导全球经济的指数，以刻画经济强国之间在主导全球经济方面的相对势力的变化及其演变趋势。为此，他选择了三个成分指标来量化经济主导这个概念，它们分别是GDP、贸易和外部金融实力的相对比重，并使用不同的权重分配方案来构造经济主导指数（EDI）。看上去这是很简单的做法而且符合历史的观察与常识。不用说，在社会科学的量化工作中，简单是最可贵的。可是作为一个严肃而科学的研究，作者在遴选出这三个变量时却是做了不少的基础工作，这涉及首先要基于历史和直觉给出可能影响一个国家经济主导能力的尽可能多的因素，然后再去识别哪些因素更重要。所谓更重要的，就是别的那些因素可能会受这些更重要因素的影响或决定。比如，无论从历史上还是直觉上都会认同一个国家的财富和资源对于决定其在全球经济的主导能力至关重要，但到底用什么简单的指标来度量财富和资源呢？是用财政资源、自然资源、金融资源还是军事资源来代表财富和资源？考虑到GDP的规模通常会与这些财富和资源正相关（作者用英、美、法、德、俄和中国在1880—2009年的数据拟合显示，以上各国的GDP占世界的份额与军事开支占世界的份额之间的相关系数高达0.7），使用GDP代表财富和资源的实力就更合理，也更简单。再比如，在决定一个国家在全球的经济主导力时，人力资本的积累水平和技术创新能力看上去一定很重要，但是，它们却与经济财富或者GDP的规模高度正相关，因此根据“欧卡姆剃刀”原则，就必须剔除它们以确保量化时的简单。

当然，你可以进一步追问作者，GDP、贸易与外部金融实力三者之间难道不存在高度正相关关系吗？从学理上说，GDP、贸易和外部金融实力三者之间要彼此无关，它们必须是分别由不同的因素“外生”地决定或影响的。可是，不仅因为贸易的增长与GDP的增长高度正相关（根据“引力假说”所言），而且贸易模式与外部金融实力也脱不了干系。中国是个很好的例子。中国之所以成为国际资本的输出国（被定义为正的外部金融实力）和债权国，就是因为中国持续的贸易扩张创造的顺差所致。所以，这个外生性的条件看上去实难满足。但是，因为作者在构造经济主导指数时采用的不是GDP、贸易和外部金融实力的绝对值，而是全球的占比，这样情况就大为不同。很容易明白，GDP、贸易和外部金融实力的全球占比之间似乎并没有显著一致的正相关性，因为它们各自受不同政策的影响，这将导致它们之间的相关性明显下降。

在这三个重要成分指标当中，GDP和贸易的概念直截了当，不再需要赘述。而外部金融实力这个概念到底是什么呢？作者认为它是对一个国家为世界提供金融资本的能力的度量。这个世界上的国家可分为两类，一类是净债权国，向世界输出资本，另一类是净债务国，从世界上借入资本。在量化这个概念中，作者不使用债权或者债务的存量值而选择流量值，这是因为债权国的储备资产的存量价值往往会因为债务国的政策变化而发生减损或贬值。这正是当前中国作为美国的最大债权人面临的两难选择，一些经济学家把这个两难局面称之为“资产风险”，以区别于因为过度举债而形成的“债务风险”。基于这样的考虑，作者用流量值来量化“外部金融实力”，把它定义为一个国家在一个10年期间累计的经常项目顺差占全球的份额。用10年是为了减弱景气周期对贸易余额的影响。根据这个定义，债权国拥有外部金融实力，债务国不仅丧失这个实力，而且外部金融会变得脆弱，经不起全球外部震荡的折腾。

有意思的是，这个对外部金融实力的定义与量化很快引起了争议，因为对中国而言，人们必然会问，中国积累的贸易顺差和净债权国的角色究竟反映了中国的金融强势还是弱势？在《外交》上的“中国大辩论”中，Derek Scissors教授就诘问Arvind这个问题。Scissors教授提出的质疑是，中国的净债权人角色反映的是国内经济在投资与消费之间的不平衡。作为并不富裕的经济，中国不应该借钱给富国，相反，中国应当进口资本以加快经济发展。中国在过去10年采纳的“重商主义”的增长政策导致了这一结果。我与Arvind在来往的电子邮件里也专门提到Scissors的这个问题，希望得到他的回应。Arvind在给我的邮件中回答说：“中国的这一战略虽然制造了与世界其他地区（包括美国）之间的紧张，但却对中国经济非常有利。在过去10年来，中国经济不仅有8.5%的增长率，而且这期间中国人的消费机会的增长（7%）不仅是中国有史以来最快的，而且快于任何其他国家。对这一战略的批评往往是说它制造了国内的扭曲，比如过度投资、资本分配的无效率以及不发达的银行系统，这些扭曲将成为未来发展的代价。但是当你考虑到过去30年中国经济的非凡表现这个大局，这个战略在总体上可能就是相当正面的，远不是Scissors所谓的缺点所能概括。面对在最短的时间里实现了人类最剧烈的经济转型的中国，我们局外人应该格外小心，不要轻易地去告诉中国，你们做得很糟糕或者你们在政策上本来还可以做得更好。”

我相信这个回答不会令Scissors满意，但他确实做了一个很好的提醒，那就是任何对中国经济的批评言论和逻辑都必须顾及中国经济高速增长的特征性事实。我将在后面再次涉及中国增长模式这一问题，在此不再展开。好在，既然外部金融实力在构造的经济主导指数中所占权重只有5%，暂且放过这个问题也无伤大雅。看得出，5%这个权重以及三个重要指标的权重分配依据是作者参考国际货币基金组织（IMF）和一项关于什么因素决定何种货币会成为国际储备货币的研究中使用的权重。有意思的是，根据IMF的权重来校准，GDP占0.6，贸易占0.35，外部金融实力占0.05。而如果用储备货币研究中使用的权重来校准，贸易占0.6，GDP占0.35，外部金融实力的权重不变。更有意思的是，在作者计算出的经济主导指数中，无论使用哪种权重分配方案，中美的经济主导指数彼此接近的时间都出现在2010年，如果用后一种分配方案，那么，在2010年，中国的经济主导指数甚至会略高于美国。这是因为后一种权重分配方案加强了贸易的相对重要性，而且不难想象，相对于美国，中国在全球的贸易份额显然要比GDP份额上升的速度更快。

在这里我们自然会想到，使用后一权重分配方案其实不也可以预测人民币成为国际货币的时间吗？的确，因为决定一种货币成为国际储备货币的最重要因素还是GDP、贸易和外部金融实力占全球的份额，只是贸易在这里比GDP相对更重要一些，权重更大。所以，在Arvind作为附录给出的计量回归中，用GDP、贸易和外部金融实力占全球的份额可以在统计上解释储备货币需求的70%。

当然，即使我们不做专项深入的研究也很容易推算，假如中国在2020年之前超越美国成为全球经济的主导者，那么，人民币成为国际储备货币的时间就应该在2020年之前才对。但由于在位的储备货币有较强的惯性，因此，实际情况往往是，一国货币成为国际储备货币是发生在成为全球经济主导地位之后而不是之前。那么两者的时差会有多大呢？这个问题要由历史来回答。

多数人通常的看法是，美国在1870年成为全球最大的经济体，而美元成为国际储备货币的时间是在20世纪30年代，相距至少60年。不过，Arvind并不认同这个看法，因为美国的GDP尽管早在1870年超过英国，但是一直到20世纪20年代，英国的出口依然大于美国，英国的外部金融实力依然强于美国，所以至少在1870年之后的几十年里，美国还没有真正取代英国成为全球经济的主导者。这一角色的转移实际发生在1920年前后。而根据有关研究的考据，美元取代英镑成为储备货币的时间发生在20世纪20年代末，大约有10年的滞后。以这个历史经验的数字来简单推断，人民币成为国际储备货币的时间应该在2020年前后。这比多数中国研究者的估计要乐观一些。根据潘英丽教授最近的研究和预测，如果不考虑在位货币的惯性优势，到2025年人民币在全球官方外汇储备中的份额最高可达26%，接近目前的欧元水平。考虑在位货币的惯性优势，这个份额将下降到最高10%，说明人民币具有仅次于美元和欧元的储备货币的潜能。不过，潘教授预计，人民币成为关键的储备货币最多也就需要20年，也就是2030年前后。

不难看出，主导指数的构造颇费一番周折。但即使这样，很多人也难免会提出批评，认为指数的构造过于简单，甚至有偏于中国。回应这种潜在批评的最好办法是，同样的指数成分不仅能用于预测中美未来20年的相对实力的变化，还能向后回放历史，计算出英美的经济实力变化并与历史经验相吻合。出于这样的策略，作者分别计算出了1870、1913、1929、1950年英国、美国以及德国和法国的相对经济主导指数的变化，发现这个变化与历史基本吻合。比如，无论使用哪种权重分配方案，在1870年，英国的经济主导指数都高出德国和法国几乎一倍，而不见美国出现；到了1913年，按照GDP权重0.6计算，美国崛起了，其主导指数开始高于英国和德国，法国不见了；但按照贸易权重0.6计算，美国还是新兴市场经济，英国和德国依然主导世界经济。但是到了1929年，情况完全不同了，美国完全主导世界经济，无论使用哪种权重分配方案，其主导指数都大大高于英国和德国。对于这一回放结果，Arvind很是满足。说来这确实是有趣的，而且仔细想来，常识告诉我们本该如此，因为没有比GDP和贸易在全球的相对规模更能衡量一个国家的经济强弱的了。

向后回放的成功是利用了世界上目前可得的世界经济的数据库的缘故，其中包括Angus Maddission先生创造性地复原的世界经济的千年史数据。即使这套数据并不完美无瑕，但尚无挑战对手。至于向前预判中美经济的主导角色的转换，那就需要预测出而不是复原出有关的数据来了。因此，《黯然失色》这本书约有一半的篇幅（涵盖第4至第7章）是用来预测中美（主要是中国）经济未来20年的增长前景的。计算经济主导指数所依赖的GDP和贸易流量的未来数据都要基于这些增长预测。所以，对我个人的经济增长研究和阅读兴趣来说，这部分的分析与讨论更加重要和有价值，也更能显示作者在经济学方面的功力、视野和技巧。

众所周知，经济学不比物理学那么精确。但是在经济增长和发展的范畴内，经济学家的思考方法与物理学家颇为相似。比如，可用于预测增长的“收敛假说”以及用于预测贸易流量变化的“引力假说”就是经济学家把经济现象当做物理现象来观察和思考的产物。根据“收敛假说”，人均收入越低的国家，经济的潜在增长率越高；而越发达的国家，增长越困难，增长率越低。不仅如此，该假说推断，落后国家的潜在经济增长率的大小取决于它与发达国家（前沿国家）的人均收入的差距。差距越大，潜在增长率越高。这样，随着时间的推移，不发达国家就可以赶上发达国家，两者的增长率就会出现收敛。而“引力假说”就更像物理学定律的翻版。根据物理学，两个物体间的引力大小跟物理的质量成正比，与两者的距离成反比。类似地，经济学家也发现，两个国家的贸易规模的变化应该可以由它们的经济规模（GDP）和它们的距离（可以代表贸易的成本）来解释。虽然经济社会远比物理世界复杂，可也有非人为规律可循，以至于这两个假说的解释和预测能力不可低估。

跟这两年所有预测中美经济规模何时接近的方法一样，Arvind也利用了收敛假说的逻辑来推断未来20年（2010—2030）中国的GDP和贸易占全球的份额变化。为了这一目的，除了获得中国2010年的GDP数据之外，推算出中国和世界其他国家和地区的GDP和贸易在未来20年的平均增长率是关键。在这里，Arvind参照了世界银行、IMF以及各种相关研究报告对全球经济的预测数据。当然所有这些预测增长率的数据都是在收敛假说下推算的。据此，以各国货币的购买力平价为换算基准，Arvind推算出，在2010—2030

年，美国GDP的增长率预测值为2.5%，欧盟27国为2%，非洲为7.4%，拉美（不包括巴西）为5.4%，亚洲（不包括印尼）为6.7%，日本为1.5%，印度为7.6%，巴西为3.7%，俄罗斯为1.6%，而中国为5.9%。扣除各国的人口增长率之后可得人均GDP的增长率。考虑到未来20年中国的人口增长率预测值为0.4%，这样中国的人均GDP在未来20年的预测增长率为5.5%。他对中国的这个推算数字比目前为止的大多数预测值都低。包括我在内的多数预测都推断中国经济未来10年可以有8%或者7.75%的增长速度，后10年也可保持6%—7%的增长率，这样算起来的20年平均的增长率显然要显著高于Arvind的5.9%的预测值。我们这样推算是因为即使在2020年中国超越美国成为世界最大的经济体，它的人均收入也还只有美国的四分之一，还是中等收入（上限）的国家，应该还有容纳经济赶超的巨大空间。不过，可以理解，对Arvind来讲，做出这般过于保守的估计只会加强而不是削弱他对未来中国主导全球经济的结论。

多数预测都得出中国经济总量有可能在2020年赶上美国，但Arvind给出的时间表却是2010年。这个结论让我好奇。这首先涉及用于推测未来的基期数据，即2010年中国的GDP到底有多大的问题。IMF去年初公布过用购买力平价方法换算中国GDP的结果。根据他们的测算，中国2010年的GDP实际上应该是11.2万亿美元，几乎是按照官方汇率换算的两倍，而美国的GDP变化不大，约为15.2万亿美元。这样的话，IMF在它们的假设条件下推算，2016年中国的GDP总量约为19万亿美元，美国为18.8万亿美元。就是说中国在2016年就赶上美国了。IMF还测算出，到那个时候，中国GDP的总量占全球的比重是18%。

我猜测IMF的这个预测是基于它2010年版的《世界经济展望》（*World Economic Outlook*）。在这本报告里，IMF给出了全球及主要经济体2010年GDP的估算值，这些估算值都是用2005年为基期的购买力平价方法换算的，以保持国家间的可比性。那么，2005年各国GDP的数据哪里来的呢？它们来自世界银行的测算。而世界银行又使用了联合国的国际比较项目组（ICP）公布的2005年的调查数据。在这个数据库里，按照购买力平价换算，中国和印度的人均GDP分别为4091美元和2126美元，比之前的一些研究估计值要少出30%—40%，而且这个数字被很多研究者认为肯定严重低估了。一个理由是，ICP采集的数据失真。有经济学家指出，如果2005年中国GDP的数据是对的，那么用1952—2004年中国的经济增长率倒算就可以推算出1952年的中国人均GDP只有153美元（1985年价格），这要比公认的生存收入线250美元低将近100美元，不太能让人置信。所以ICP的2005年中国GDP的数据有低估嫌疑。ICP的数据被指责有问题的另外一个方面是关于中国的价格总水平采集样本的有偏，据说这是因为他们只调查了11个城市及周边的价格，没有考虑农村的价格，这样就高估了2005年的价格总水平。这些问题使中国2005年的GDP数字被严重低估。基于这样的一些批评和对ICP数据的可能的修正方向，于是，美国宾州大学的大型数据库“佩恩表”（Penn World Tables）在2011年初的7.0版中对中国2005年的GDP数据做了向上的修改，幅度达27%。

采用佩恩表重新校正的中国2005年的GDP数字也不可能让中国2010年的GDP赶上美国。而Arvind不仅采用了这个新修正的数据，而且他还进一步考虑了另外一个可能低估中国2005年GDP的因素，那就是“实际汇率”。Arvind认为，如果IMF的数据可信，那就可以推论出在2005—2010年间人民币的实际汇率（中国人的实际生活费用）上升了35%，这与一些关于中国实际汇率变化的其他研究不尽一致。他举出的一些针对中国实际汇率的研究报告显示，这5年间人民币实际汇率的上升大概不超过15%。这样的话，中国2010年的GDP就需要再上调20%（因为IMF的实际汇率高估了20%）。所以，在Arvind的数据里，中国2010年的GDP按照购买力平价换算实际应该比IMF的数字高出47%，从10.1万亿美元变成14.8万亿美元，刚好超过美国2010年14.6万亿美元的GDP规模。所以，Arvind的结论是，中国2010年已经是世界上最大的经济体了。

这样一来，即使根据较为保守的增长率5.5%的预测值，中国GDP在全球经济中的份额也会从2010年的17%上升到2030年的24%，到2030年，中国的GDP大约是美国的2倍。而且以增量值来算，在2010—2030年间，世界GDP的增加值中，79%来自于新兴市场经济和发展中的经济，也就是说，今天的穷国将为未来20年世界GDP的增加贡献大约80%。

（本文发表于2012年5月5日《东方早报》）

谁主沉浮？（下）

——读《黯然失色：生活在中国经济主导的阴影下》

消费、储蓄、投资、贸易余额、资本流动等流量概念之间的关系多为定义使然，可以组合出不同的恒等关系，但却无法显示谁决定谁这样的因果关系，比如，中国过度出口是因为国内消费不足还是相反？因此难以从中把握中国经济增长的机制。不了解中国经济增长的机制，又怎能对中国经济未来增长的潜力发表意见？不仅如此，从需求方面推断和预测中国经济未来增长的前景并不合适。

任何对未来的预测都有风险，这是因为预测者总是用现在的模式去推断未来的趋势。所以，当Arvind做出这样宏大的预测时，想必他必然心有余悸。预测失败的例子就在眼前。当年苏联和日本都曾一度被西方世界看好。苏联在1946—1960年间创下平均7%的增长纪录，让西方世界汗颜。1957年Calvin Hoover发表文章说，看来集体主义的威权国家比自由市场的民主国家能做得更好。他甚至预言，到20世纪70年代初，苏联的经济实力应该就超过美国了。高速的经济增长连同苏联的军事扩张很快在西方世界形成了一个共识，世界将由美国和苏联两个超级大国主导，当然事实也是如此。可是，好景不长，就在Calvin Hoover的文章发表不到10年，苏联经济就失去了活力，增长率很快就滑到了2%，而国际油价的持续下跌又给苏联经济以致命的打击（经济学家出身的俄罗斯前总理盖达尔在《帝国的消亡》中对苏联经济的畸形结构以及对石油的过度依赖做了很好的剖析）。就在70年代末，当苏联经济摇摇欲坠之时，哈佛大学的Ezra Vogel (傅高义)出版了一本书《日本第一：美国的教训》（1979），讲述了日本如何通过发展出一种与美国不同的资本主义制度而获得经济的成功。“向日本学习”一时间成为美国企业界的时髦口号，日本成为经济超级大国的言论也从此不绝于耳。不幸的又是，当日本在1989—1990年的资产泡沫破裂之后，其增长率仅能长期维持1%的水平。我相信大多数人自然要问，Arvind关于中国的大预测是否也将面临同样的尴尬？

这当然涉及他对中国未来20年经济增长的预测是否犯了与对苏联和日本的预测同样的逻辑错误。那么，我们首先要问，当年经济学家看好苏联与日本的经济未来时犯下了什么错误呢？现在不难解释。一些经济学家在20世纪70年代前对苏联的极度乐观很大程度上来源于当时的国家干预主义和福利主义国家思潮的流行。西方世界经历了20世纪30年代的大危机以及美国罗斯福新政的成功，让不少激进的经济学家从苏联的集权计划经济模式中似乎看到了另类，而且毕竟苏联经济高速增长了差不多30年。苏联在计划制定的技术上下了很大的工夫，又有一套非常独特的纵向协调和行政官僚系统。至少在当时美国的经济学界，苏联的经济体制和内部的协调机制成为学院派经济学家推崇的研究领域，比较经济体制作为一个学派也因此应运而生。Paul Krugman在1994年那篇著名的“东亚奇迹的神话”文章中曾提到，从50年代中到60年代，每年至少有一篇论文是讨论苏联工业增长的，可见经济学家对苏联模式的关注程度。我在1985—1988年攻读硕士学位时也曾对苏联型经济下过很大工夫，对美国经济学家在战后30年针对苏联型经济的微观基础的研究文献相当熟悉，而且我曾有幸于1988年在复旦大学的世界银行中国教育发展项目论证会上见过以研究苏联型经济著称的Benjamin Ward 和David Granick两位加州大学的教授。David Granick在1954年就出版了热销的《苏联工业企业的管理》一书，并在1954—1974年至少有20个英文版次，而自从1958年Benjamin Ward在《美国经济评论》发表那篇著名的“伊利里亚企业”开始，关于“集体主义生产”的微观机制和激励效率的理论模型得到迅速的发展，理论上日趋完美。但是，这些理论的出现是为了解释苏联为什么可以在中央计划体制下实现工业产出的高速增长，而苏联的这一成功似乎也意味着苏联的计划和计算体制在战后的几十年的确幸运地满足了这些理论给出的关于微观效率的苛刻条件。在国家干预主义思潮的氛围下，又面对苏联的工业与军事高速扩张的事实，苏联赶超美国的预言自然颇有市场。但60年代末之后苏联经济的持续减速又让这一预言大跌眼镜。当自由主义再次占据主流经济思潮之后，苏联经济的成功似乎成了神话。反观和审查那些关于苏联经济的理论模型，似乎也能给出苏联经济减速的答案。苏联的经济体制和苏式的增长模式不管曾经可能多么复杂和完美，随着经济变得越来越复杂以及庞大的官僚组织的本能膨胀，要继续满足那些确保效率的条件会变得越来越困难。一旦这些条件得不到满足，产出增长的动力就递减，不能持久。苏联有庞大的、计算机辅助的中央计划系统，有先进的科学研究，有丰富的自然资源和优良的人力资本，但苏联没有市场，没有分权，没有竞争，没有货币激励，没有信息扩散，没有企业家的企业，也没有与发达经济之间的贸易和快速的技术进步。对苏联式经济的理论检讨无疑也有助于改变对那些发展中的经济如何实现经济增长的更广泛的政策思考的方向，以至于最终导致了正统的所谓“华盛顿共识”的出现。如今，苏联已去，只不过解释这一重大历史事件的理论努力还在继续。

再说日本经济。当年看好日本的预测要说有错，那就是大多数预测都忽略了一个重要事实，即日本经济在增长停滞之前从战后算起已经增长了将近40年。在1990年，用2005年的美元购买力平价计算，日本的人均GDP已经达到了26000美元，几乎赶上了美国31000美元的水平，换句话说，日本在经济停滞前已经是世界上最富裕的国家之一，并且已经站到了全球技术进步的前沿位置。考虑到这个常被人忽略的事实，再加上日本的人口老龄化特别严重，对储蓄率有显著的负面影响，日本经济在20世纪90年代之后的增长停滞显然是符合“收敛假说”的逻辑的。Arvind由此认为，既然日本在人均收入上收敛于美国，而美国那时的增长率在2%左右，那么日本的经济增速下降到1%左右的水平就不足为怪。所以，那些对日本过于乐观的预测所犯的错误就在于，日本的人均GDP已经接近美国，而他们还认为日本可以比美国增长得更快，这是违反“收敛假说”的。

那么Arvind对中国的大预测是否会重复当年的错误？看起来的确不太会。我的理由是，与日本不同，中国现在还只是中等收入国家，人均GDP还只有美国的十分之一，即使按照美元的购买力平价计算，也只有美国的四分之一。我3月15日在复旦大学社会科学高等研究院的演讲中就讨论过，依照“收敛假说”和中国过去30年的平均增长率来推算，中国在未来20年应该可以维持不低于6%—7%的增长率。而Arvind对未来20年中国经济增长率的预测值却是5.5%，比增长趋势推算值要低三成。也就是说，Arvind对中国的预测与人们过去对日本的预测正好相反。日本的人均收入已接近美国，但却预测它还能比美国增长得更快；而中国的人均收入还远离发达国家的水平，Arvind却预测未来中国经济只能增长更慢。这看上去也是违反“收敛假说”的逻辑的，因为中国本可以增长得更快，却被预测得更慢。但我想他有意且善意地违反“收敛假说”的目的是为了避免在预测中国经济未来增长前景的时候重复过去的错误。有意识地把对中国经济未来20年增长率的预测值设定在5.5%的低位，并用这个预测值作为计算经济主导指数的基础，自然会使其关于中国主导全球经济的推断更加稳健(robust)。

我对中国在未来20年应该可以维持不低于6%—7%的增长率的推算是依据“收敛假说”和中国经济过去30年的平均增长速度（9.5%）做出的。这个结论与他人多有不同。我们都会注意到，最近讨论中国经济前景的言论当中，悲观者居多。多数经济学家对于未来20年中国经济能否维持6%—7%，甚至再高一些的增长率，已不再确信如初，相反，中国经济熄火或崩溃的推算这两年却颇为有力。纽约大学商学院的Nouriel Roubini在其博客上写出长篇大论，论证中国经济为什么可能在2013—2014年“硬着陆”，增长率跌至5%以下。尽管追随者甚多，这样的断言也还是例外的少数。更多的预测则是基于“跨国经验”而得出。例如，哈佛大学的Dwight Perkins教授2010年在英文刊《中国经济评论》上撰文认为，所有人均收入达到10000—16000美元（指按照2000年的价格估计的购买力平价）的国家，其增长速度都必然下降到5%或者更低。按照他的估计，中国现在的人均GDP大约是7000—8000美元，这意味着中国还将再有10年的高增长期。亚洲开发银行也有类似的预测，认为考虑到目前实际的收入水平，中国从现在到2030年的GDP增长率的下限为5.5%，这意味着按人均计算的增长率还要低一些。按照Arvind的说法，这些对中国经济未来增长潜力的预测不是“向后看”的，而是“向前看”的，所以并不符合“收敛假说”的逻辑。根据“收敛假说”，一个低收入国家的潜在增长率不是依据其人均收入的绝对水平来推算，而是由它与高收入国家的人均收入的差距来决定的。换句话说，重要的不是高低，而是距离，低收入国家收敛于前沿国家的速度是它与前沿国家之间的“距离”的函数。而度量这个距离的最简单的方法是对照这个低收入国家与前沿国家（一般以美国为代表）人均GDP的相对差距。我们已提到，2010年，根据美元的购买力平价测算，中国的人均GDP约为美国的四分之一。然后我们回放战后的历史，看看那些人均收入与美国相差四分之一的经济体都曾经能保持多快的收敛速率。这就是所谓“向后看”的含义。为了找到这一经验值，Arvind做了一个非常重要的工作。他以人均GDP相当于美国的四分之一或者30%为准则，从“佩恩表”的数据库中发现有25个经济体符合这一标准。其中有8个经济体（日本、韩国、葡萄牙、西班牙、希腊、德国、中国的香港和台湾地区）在20年的跨度里实现了人均GDP快于5.5%的增长水平，高于Arvind对中国经济未来20年人均GDP的增长率的预测值。为了证明他对中国未来20年经济增长的这个预测值相当保守而不是夸张，他还做了另一个计算。考虑到5.5%的人均GDP增长率意味着他把中国未来20年的增长率比之前20年下调了40%，因此他试图检验一下这个下调幅度在历史经验中是否还显得过于保守。利用非常有限的数据，他计算发现，在那些人均GDP达到美国的四分之一之后，其人均GDP增长率不低于（快于或接近于）之前20—30年的平均水平的经济体在6个数据齐备的国家和地区（巴西、韩国、中国台湾地区、马来西亚、罗马尼亚和秘鲁）中有4个，只有巴西下降了2.6个百分点，罗马尼亚下降的幅度更大些。尽管样本极小，但也说明与中国当前阶段相似的国家和地区都依然能够保持较快增长的例子其实并不鲜见，这对预判中国经济未来的增长潜能是重要的国际经验。而以这个微小样本来计算，高速增长的经济发生减速的概率仅有1/3。即使这样，人们也会进一步质问，有什么理由相信中国经济的未来更像日本、马来西亚、韩国和中国台湾地区而不是罗马尼亚、苏联和1980—2000年的巴西呢？

这个问题过于复杂，不容易回答，因为这涉及每个经济体的异质性或个体差异。不过，我们前面提到，Arvind对中国未来20年预设的人均GDP增长率只有5.5%，显然已经比中国之前20年的平均增长率减速了约40%。我相信这个数字显然已经考虑到中国未来面临的那些可能影响经济增长的不利因素了，包括人口快速的老龄化和环境的约束。因此问题也许应该是，即使这样，他预设的这个减速幅度是否仍过于保守？也许可以参照跨国经验来回答这个问题。最近北京的《比较》杂志翻译发表了Barry Eichengreen（加州伯克利大学）、Donghyun Park（亚洲开发银行）以及Kwanho Shin（高丽大学）三位经济学家尚未发表的论文《快速增长的经济体何时减速：国际证据及其对中国的启示》。这篇论文有助于回答这个问题。在这篇论文中，作者们试图准确地给出高速增长的经济在什么时候出现减速。文章定义了减速的含义并使用“佩恩表”的数据库进行统计分析，结果发现一个高速增长的经济体减速的最大可能性发生在人均GDP达到16740美元时（2005年的不变国际价格），增长率会减少2个百分点。如果中国的人均GDP年均尚可继续增长9.3%，那么2015年可以达到17335美元，刚好超过减速的临界值。如果增长率是7%，那么达到临界值的时间是2017年。如果改用相对收入来计算

（这样更符合“收敛假说”），那么经济减速的临界值就是，当一个经济体的人均GDP达到最发达国家大约58%的水平时，增长就会减速。“佩恩表”的数据表明，2007年，中国的人均GDP是8511美元，还只有美国人均GDP的19.8%，离增长减速尚有距离。根据他们的预测，如果中国可以一直保持下去9%的增长速度，而美国人均GDP的增长率维持在1.9%，那么中国经济开始减速的时间就会是在2023年，因为中美两国的人均GDP之比正好为58%，而且中国减速的概率是75%。考虑到Arvind对中国未来20年人均GDP增长率的预测值是5.5%，比20年来的平均增长率减速幅度超过3.5个百分点，大大高于2个百分点的历史经验值，所以，他认为如果不发生重大金融危机，他对未来中国经济减速的预言准确率应该就是100%。

那么，中国经济未来20年有没有可能面临更大幅度的减速或者出现像苏联与罗马尼亚那样的停滞呢？与Arvind一样，我也认为这种可能性极小。从增长的源泉来说，一个已经持续增长的经济出现显著而持久的减速（甚至停滞）主要是全要素生产率的减速与停滞造成的，这是因为当一个国家的人均资本水平不能像过去那样持续而快速上升的时候，只有全要素生产率的增长是GDP增长的唯一可靠源泉。如果全要素生产率不能继续增长，那么当人均资本高位回落之后，经济的增长动力就将逐步消尽。而对中国而言，作为中等收入的国家，未来20年人均资本水平的上升依然有巨大的空间。以2010年年底的数字来看，中国的资本存量总值大约是93.3万亿元，相当于13.8万亿美元，而美国在2010年年底的资本存量是44.7万亿美元，两者至少相差3倍，而按人均计算差距则更大。中国的人均资本存量大约1万美元，不到美国的10%，大约为韩国的25%。可见，未来20年中国的投资机会依然很大。事实上，即使整体上中国进入了上中等收入的阶段，中国内部的地区之间依然有巨大的追赶空间。东部与中西部地区、沿海和内地的人均资本存量与人均收入差距非常大。以2009年的数据为例，沿海11个省市的人均GDP和人均资本存量比内陆20个省市几乎要高一倍，以目前的这种发展模式来推算，内地至少需要20年才有望收敛于沿海的水平。

全要素生产率的增长往往是经济结构的持续变化和技术不断进步的结果。对中国而言，结构变化推动全要素生产率增长的势头仍将持续至少20年，这是因为中国仍处在经济结构快速变化的进程中。以劳动力在经济部门间的就业比重来看，即使中国经济已高速增长30年，农业和第一产业的就业比重至今依然偏大，向制造业和服务业转移的空间依然巨大。我曾经测算，以过去30年平均每年1%的速度来降低第一产业的就业比重，中国也需要20年才能使其就业结构的分配比重变得接近大多数高收入经济体的平均值。与经济的就业结构变化相联系的是中国的城市化率的变化趋势，要从目前的50%提高到70%以上（被认为是高收入国家的平均水平），中国也还需要20年（以过去20年平均每年提高1%的经验值来推算）。所以，经济结构的变化仍将为中国未来全要素生产率的加速做出重要贡献。

Nick Lardy在他2010年的著作中说，那些认为中国在未来20年里经济增长必将大幅回落的预测其实都是在夸大其词，不能令人信服，因为这样的预测是假设中国的全要素生产率在未来不太可能继续增长，但这种情况的发生几乎不可能，因为中国接受外商直接投资的态度比那些人均收入更高的东亚经济体都要开放。的确，当今世界越来越平，技术进步与贸易和直接投资密不可分。发达国家和新兴市场经济国家的分工格局已经转变为垂直专业化为主，在这种背景下，落后国家技术进步的方式发生了改变，前沿国家的技术创新往往是通过直接投资在落后国家直接应用的，这在信息产业上表现得尤为明显。这些年来，已有诸多经济学家的研究发现，中国出口的技术含量和技术复杂性持续提高（部分会因为加工出口占比较高而有所高估），这跟中国通过贸易和接受直接投资的方式引进跨国公司的技术并进行消化，最后培育、发展出本土化的技术创新能力有直接的关系。中国目前也已进入了“科技起飞”的阶段。现在的研发投入占GDP接近2%，并以每年6%的速度增长（与韩国和新加坡相当，在世界上属于最快的国家）。因此，以长远来看，考虑到中国在教育、科技和人力资本上的基础优势，只要中国继续坚持开放贸易和投资的政策，积极参与全球垂直分工，消化转移的技术，不断增加在自主研发上的投入，中国在技术阶梯上就能够快速上移，产业不断升级，未来站到技术的前沿是指日可待的。

为什么仍有那么多的经济学家依然对中国经济增长的可持续性表示怀疑、甚至悲观呢？不少经济学家习惯于以史为镜。比如，诺贝尔经济学奖获得者Michael Spence去年撰文说，战后世界上也只有7个国家（或地区）成为了高收入国家（或地区），这意味着成为高收入国家的概率只有7/200，怎能不悲观？当然，这对Arvind的经济主导概念来说并不那么重要，因为中国获得全球的经济主导地位并不要求中国是一个高收入国家。根据他的预测，2030年中国的人均收入也只有美国的一半，虽然也相当富裕，但还算是中高收入的水平。但是，更多的经济学家当下关心的问题是中国能否成功地收敛于高收入国家。这两年，所谓“中等收入陷阱”的说法备受瞩目，原因也在于此。“中等收入陷阱”是亚洲开发银行2006年提出的一个概念，概括了战后大多数中低收入国家未能实现向高收入阶段过渡的教训。凡此种种均表明，从中等收入向高收入阶段的发展转型会十分困难，不仅因为早期形成的增长模式和发展战略不可能一劳永逸，更重要的是，政府的经济改革和战略转型往往因为利益集团的阻挠而不能实现，以至于错过结构升级的最佳机会。情况常常是，即使政府识别出了结构性问题的存在也难以真正推动结构的转型，要知道，对于向更高收入的收敛，确保实现经济的结构变化与升级至关重要。至于中国是否能够很好应对来自中等收入阶段的挑战，包括克服中国面临的结构性问题，成功推进经济结构的变化与技术升级，积极消除快速的人口老龄化带来的负面影响等，在经济学家之间自然难能有共识达成。其实，没有任何人事先可以对任何国家的经济发展和追赶战略的成功有确切的把握，所以，看法上的悲观和乐观多被观察上的差异所左右。仍以中国而论，在未来经济发展中的各种挑战和不利因素当中，用英国《金融时报》的资深评论员Martin Wolf的话说，克服经济自身的结构性矛盾或者将经济增长从投资和出口转向消费和非贸易部门是最为困难的。而在这个判断上，不少经济学家常有主观臆断之嫌，有必要稍加评论。

众所周知，2008年全球金融危机爆发以来，全球储蓄过剩（global saving glut）的观点大行其道。依照这种理论，中国就要为全球金融危机负主要责任，因为中国是储蓄过剩的最大贡献者。在多数人看来，由于国内消费需求不足而造成储蓄过剩，中国在过去20年的增长必须借助“过度出口”来维持。这导致中美之间、中欧之间的贸易严重不平衡，而中国积累了大量的贸易盈余，从而反常地开始向发达国家输出资本，久而久之，中国获取了债权国地位而欧美等发达国家沦为债务国。前文我提到的Scissors教授对当前中国外部金融实力的质疑，就是这种逻辑的产物。我经常说，这种结构主义的逻辑框架在使用上是极其廉价的，因为你即使对中国完全无知，依然可以倚仗这个框架对中国和全球经济发表宏论。英国《金融时报》的资深评论员Martin Wolf就是这样的能手，他所依赖的无非就是这样的逻辑。假若人们多用它来分析双边贸易不平衡、资本流动等短期经济现象，并多见于报端的财经评论和政治外交辞令中，倒也可以理解。而令人匪夷所思的是，多数人（甚至也包括很多经济学家）竟然干脆使用这种逻辑框架来推断和预测中国经济未来的增长前景，认为中国经济需要进行“再平衡”，以扩大国内消费需求来扭转其债权国地位，并将未来经济的增长引擎切换到依靠国内消费需求和进口的轨道上来。

上述逻辑看上去天衣无缝，实际则有循环论证之虞。消费、储蓄、投资、贸易余额、资本流动等流量概念之间的关系多为定义使然，可以组合出不同的恒等关系，但却无法显示谁决定谁这样的因果关系，比如，中国过度出口是因为国内消费不足还是相反？因此难以从中把握中国经济增长的机制。不了解中国经济增长的机制，又怎能对中国经济未来增长的潜力发表意见？不仅如此，从需求方面推断和预测中国经济未来增长的前景并不合适。为了说明这一点，让我借用Arvind在书中提供的一个实例。他提到IMF出版的《世界经济展望》在1989年11月号中曾有一个研究报告，这份报告提到日本的人口转变（老龄化和赡养比率即被赡养的老人数的不断提高）对日本经济未来的增长有非常积极的作用。今天看来，这个结论显然是错的，因为人口老龄化和赡养比的提高降低了劳动参与率和储蓄率，不利于未来的经济增长。而那时之所以得出这个结论，是因为研究者遵循的逻辑是，人口老龄化和赡养率的提高有助于提高消费占GDP的比重，降低国民储蓄率，推动总需求的扩大，从而导致经济增长。Arvind无奈地认为，出现这个匪夷所思的结论，要么是这些研究人员低能，要么就是因为这些人当时对日本经济过于自信和乐观而刻意编出的一个理由。其实，这个理由与今天人们从需求方面来推断未来中国经济增长不可持续的逻辑同出一辙。

这几年，我发表多篇文章来批评从需求角度看衰中国经济增长前景的言论。这些言论多以中国消费需求占GDP比重（简称消费占比）很多年来持续下降为主要依据来得出未来增长乏力和熄火的结论。而实际上，消费占比下降的观察并不真正可靠，它在统计上有明显的缺陷和偏误。我在3月15日的那次演讲中提到，家庭在住房消费开支以及服务消费等方面的开支存在被严重低估的可能。自从中国在20世纪90年代末放弃福利分房制度并启动住房市场之后，家庭必然为购买住房而储蓄。如今在城乡房屋私有化率高达近90%的情况下，国家统计局不得不承认，由于缺乏足够可靠的历史资料来估算“虚拟租金”，在核算家庭用于住房消费的开支方面存在明显低估倾向。另外，国家统计局利用现有的官方社保、医疗、金融、保险等部门的统计资料进行推算的做法也低估了家庭在教育、医疗及金融中介服务等方面的实际开支。实际上，这些年社会商品零售额的名义增长率几乎都超过了17%，如果家庭在住房、教育、金融中介服务以及医疗保健和养老等方面的开支能够在统计上被准确反映，想必其增长率与GDP的增长之间也不应该存在显著的落差。至于用国民收入中劳动收入占比下降来解释消费占比下降的说法，由于不能很好地推断家庭储蓄率的变化，也难成为有力证据。

另外，就像我前面提到的关于人口老龄化如何影响日本未来经济增长的研究所表明的那样，以消费占比的高低来推断和预测未来经济增长的前景反而会得出匪夷所思的结论，因为消费占比的高低仅是比例的大小，并不反映消费增长的绝对值。就算我们相信中国的消费占比在下降，那也只是比重的下降，不是绝对量的减少，何况中国过去20年的消费增长并不慢。Arvind在书中用“佩恩表”的购买力平价数据计算发现，在与东亚经济高增长的相似阶段，中国内地人均消费的增长显著快于日本、中国香港地区、新加坡、韩国和中国台湾地区等。顺便提一下，这个比照结果不仅说明中国在过去20年人均消费的增长有较好记录，而且对那些指责中国一直实行贸易重商主义政策的言论也有申辩之义。最近10年来，流行的观点多认为中国对美欧维持的经常项目顺差抵消了中国消费者的福利。换句话说，中国的贸易重商主义政策“欺骗了”国内的消费者。如果真是这样，那就好像回到了鸦片战争前的中国，当时实行的贸易重商主义政策尽管让中国出现了贸易顺差，但闭关锁国的政策却扼杀了中国人对进口的需求。而实际上，正如Arvind所言，定义中国是重商主义倾向的国家面临一个悖论，因为中国同时也是世界上最为开放的经济体之一。中国不仅仅创造了出口与进口“之差”，从而导致与美欧的贸易失衡，同时也创造了出口与进口“之和”，为世界经济带来繁荣。

再回到消费问题上来。与消费占比持续下降的观察不同，我认为，与很多中高收入国家相比，中国的总消费支出占GDP的比重偏低是可以理解的事实，这主要是由我国的国民储蓄率较高造成的。但是，随着我国人均收入和城市化率的不断提高，随着教育、医疗健康、社会保障等公共品均等化的不断改善以及低收入阶层住房保障体制的逐步完善，家庭消费的升级不可避免，消费占比会不断稳步提高。但这种提高是经济不断收敛于高收入国家的必然结果，应与人口快速老龄化导致消费占比上升（因为储蓄率下降）的情形区别开来，因为后者对经济增长有负面的影响，反而不利于向高收入国家的收敛进程。从这个意义上讲，假如中国对正在面临的人口快速老龄化的挑战不做出积极应对，那么中国经济的基本建设和资本形成的高峰期可能也就再有15到20年的时间，这应该是中国收敛于高收入发达国家的至关重要的时期了。过了这个时期，即使我们有更高的消费占比，但因为国民储蓄率大幅度降低了，中国经济想要再保持较快增长就不太可能了。我以为，Arvind对中国未来20年平均5.5%的增长预测值该是提前考虑了这个问题。

最后，退一万步讲，未来即使出现来自政治、经济自身的结构性矛盾以及以快速老龄化为代表的人口转变对增长构成的严峻挑战（这是唱衰中国经济的学者最为悲观的方面），我还是认为中国有智慧、也有能力成功应对这些问题而不至于出现未来增长动力的消退。耶鲁大学的著名经济学家Gustav Ranis教授1995年在总结东亚经济能够保持长期发展的成功经验时曾经指出，“关键的和具有说服力的一点是，决策者持久的可塑性，总能在每个可以识别的增长转型的阶段上应对变化的需要，从而做出政策的改变。由于这个可塑性，整个系统得以避免失去动力，并能在每个阶段的末尾重新驶入轨道……每个十年有每个十年的挑战，每十年政府都能做出政策的改变，用Kuznets的话来说，这些政策改变是为了适应而不是梗阻私人经济所要求的变化。”我相信，这样的描述也同样适合中国的国情。在改革政策上做到Ranis教授所说的“持久的可塑性”，关键之点在于政府的决策远离利益集团的影响，更不能被利益集团所俘获。这就要求政府有超越利益集团的更高利益目标而保持“中性”（借用姚洋教授的话）。回眸过去30多年的发展历程中我们所经历的重大事件（邓小平南方谈话、中国入世等），似乎都有理由相信并预料，中国的执政党即使从自身利益出发也会在未来的各个可能的转折点上持续推动政治与经济层面的改革。

至此，我已花费了很大的篇幅来评论和分析与预测中国经济未来有关的理论和方法问题。在这个阅读、赏析和讨论的过程中我发现，在这些年关于中国经济未来的讨论中，Arvind使用的预测方法和理论基础明显优于其他，没有或许因为看好中国经济而刻意使然的痕迹。这是为什么我愿意为此书写下该长篇评述文章的根本原因。而要做出对中国经济未来乐观的严肃推断是需要超凡的经济学功力的。在这一点上，Arvind做到了。我在开头部分说到，由于我只对这些更“经济学”的内容感兴趣，所以，我以上的评述和赏析文字仅以第1至7章的内容为对象。但是，除了科学预测中国经济之外，他的书还在第8至9章讨论了全球（尤其是美国和欧洲）如何学会去适应和处理与中国崛起的关系。这些讨论与国际地缘政治学多有交叉和重合，不在我的兴趣范围，我无心评论。至于对当前依然主导全球经济的美国的未来如何研判，也仅仅在本书的头尾两处做了些陈述和简单讨论，没有翔实论证，我当然也无从发表更多意见。3月初与Arvind在上海见面时我问起：“为什么你对美国的未来有书中的那些看法？”他回答说：“美国的衰退是全面的（generalized decline），今天就连美国最自由主义的经济学家（包括5位诺贝尔经济学奖获得者）都改弦更张，反过来去反对全球化，主张保护美国了。知识界的这一‘气候变化’已能隐含说明美国的衰退已大势所趋。”至于他在书中认为美国的衰落几乎不可挽救的理由，概括起来大概有三条，除了已过巅峰之后的长期增长必然衰退的理由之外，还有以下两个原因：，美国在这次金融危机后暴露出其财政、金融和债务状况的极其糟糕和脆弱，使其维持经济自然增长的前景极其暗淡；二，美国长期演变的结构性困境已成沉疴顽症，难以克服和恢复。Lawrence Katz的比喻更形象：可把美国经济想象成一栋大厦。一个世纪前，甚至是30年前，它还是全世界向往的对象，但到了上一代人那里，情况发生了变化。顶部的豪华公寓越来越大，中间的普通公寓拥挤不堪，地下室早已水漫金山。为了应对这一困局，大厦的电梯不得不停运，结果更让人们跌入失望的深渊。这些困境非一日之寒，乃是一系列问题累积所致，包括停滞不前的中产阶级的收入、长期失业人口的不断增加、持续扩大的社会不公、不断降低的社会流动性等。即使大胆假设美国还可以重振旗鼓，借助于大刀阔斧的改革和加快科技创新的速度来恢复其经济增长达到上世纪90年代的历史最好记录（3.5%），Arvind也不认为中美之间的竞赛结局可以改变，因为在一个收敛和平坦的世界上，科技创新发生在何处已不重要，复制和传播快于发现。他称这一现象为“不对称性”。用他的话说：“这一不对称性是指，前沿国家的技术创新步伐放慢或者受限总体上并不会对落后国家向发达国家的收敛造成影响，因为现存的技术早已被各国广泛运用。但假如富国加快了技术进步的步伐，那么这些新技术在诸如中国和印度等国的运用速度也会加快，从而给这些国家也带来增长动力。在这种情况下，富国加速增长未必能使它们比中国和印度等国增长得更快。”因此，如果美国要以3.5%的速度增长，我们就必须提高对中国增长率的预测值，从而对中国行将取代美国主导全球经济的大预测不会产生实质性的影响。

既然这样，那就让我们去欣赏一下Arvind在本书开头和末尾处设计的20年后的那一幕吧：2021年2月的华盛顿，春寒料峭，北风呼啸，刚宣誓就职的美国总统正在带领林肯车队浩浩荡荡地驶入IMF中国籍总裁的办公室，为的是签署一项借款协议。IMF同意向美国提供3万亿美元（相当于其GDP的12%）的紧急融资。为了获得这笔款子，美国答应了所有限制性的条款，包括撤出在西太平洋的海军基地。这一幕颇具象征意义，瞬间传播到全世界。人们不会忘记，1956年，英国为了获得美国提供的融资计划（该计划包括从IMF借到13亿美元以及由美国的进出口银行提供5亿美元贷款等）来应对巨额的债务而不得不同意从苏伊士运河撤军。在亚洲，相似的一幕发生在1998年，时任IMF总裁的Michel Camdessus（康德苏）低头看着印尼总统苏哈托在一份协议书上签下自己的名字。在亚洲人看来，随着这一签字，主权和尊严不复存在。而在2021年的华盛顿，世界主导权的交接仪式正在完成。

今年1月30日在丹麦的哥本哈根，我与Arvind不期而遇。我们同时被邀担任“丹麦商业领袖峰会”（Danish Top Executive Summit）的嘉宾演讲人，而担任演讲主持的正是《金融时报》的Martin Wolf。会议组织者用心良苦，在会议当晚有500多位商界领袖参加的招待晚宴上，主办方“丹麦管理学会”特地安排我儿子（他和我太太也受邀出席晚宴）带领大家唱了一首只有三句词的中文歌曲，歌词是：东方太阳已升起，西方还在睡梦里，要加油，要创新。而“日出东方”（The Sun Rises in the East）正是这次峰会醒目无比的主题词。不用说，Arvind和我都明白这个主题的深刻含义。

（本文发表于2012年5月20日《东方早报》）

揭开中国消费过低的谜团

关于中国消费率太低的这种流行观点其实是基于错误的理论和对官方统计数据的肤浅的理解之上的。

考虑到中国还有大量的消费支出并没有被官方数据统计进来，我们几乎可以肯定，用可比的国际价格来衡量的中国的实际消费率不会低于60%，与东亚四小龙所经历过的水平非常相似。也许正是由于类似的“低消费高储蓄”的倾向，中国很可能会成为下一个高收入的东亚经济体。

随着中国经济增速放缓，世界经济增长仍然低迷，要求刺激、拉动中国国内消费的呼声也越来越高。中国消费过低、储蓄过高、经济增长靠投资和出口拉动似乎已经成为一个不争的事实。的确，根据官方统计，消费只占中国国内生产总值（GDP）的48%，这意味着总储蓄率达到了52%！这些储蓄不仅为占GDP 48%的国内投资提供了融资，同时也以资本外流的形式，为占GDP 4%的净出口提供了融资。相比之下，在全球范围内，消费占GDP的比重平均为80%，在美国这一比例更高达88%，欧盟则刚刚超过80%。中国的消费率不仅远远低于世界其他地区，也大大低于自己20年前60%的水平。按照现在流行的观点，中国人的消费不足成了全球经济失衡的一个重要原因，因此中国必须采取刺激消费的政策，一方面来帮助全球经济实现再平衡，另一方面也是其自身实现可持续发展的需要。

然而，关于中国消费率太低的这种流行观点其实是基于错误的理论和对官方统计数据的肤浅的理解之上的。这种观点错误地假设了需求可以驱动增长。当经济在低于其潜在产能的水平运行时，需求可以决定一个国家当前或短期的经济增长率，这是传统的凯恩斯理论，我们对此都没有异议。但是一国长期的经济增长和发展依赖于其生产能力的扩张，而这取决于物质资本和人力资本的积累以及技术进步的速度。也就是说，投资而不是消费才是经济持续增长的引擎。如果消费需求就能推动经济长期增长的话，那么这个世界上就没有穷国了！

低消费率的另一面是高储蓄率，它使得一个国家可以在不依赖于外债的情况下实现高水平的投资，这也是中国经济在过去几十年里得以快速增长的一个主要原因。1990年到2010的20年间，中国GDP年均增长率达到了10.5%，与此同时，消费的增长也达到了8.6%（考虑通胀调整因素后）。虽然消费增长速度低于GDP的增长速度，但高达8.6%增速已经非常了不起，因为世界平均水平还不到3%！同一时期的印度——另一个快速增长的经济体，其消费的年均增长率为5.8%，也低于其GDP6.5%的年均增长率。听起来也许有些拗口，但中国相对低的消费率正是其很高的消费增长率的重要原因。

那些熟悉经济增长理论的人应该会同意上面对于消费驱动经济增长这种流行观点的批评，但可能会有人指出，中国不到50%的消费率也低得太不寻常了。历史上，几乎没有哪个经济体长期保持了这么低的消费率，即使是已经发达的东亚经济体在他们快速增长的时期内似乎也没有经历如此低的消费率。如果真是这样，那么中国的投资效率可能就太低了，投资过多时就可能出现这种情况。这就引出了我们的第二个论点：官方统计数据大大低估了中国的消费水平。中国真实的消费率应该比官方公布的数据高10到15个百分点，达到GDP的60%—65%，对于快速增长的经济体而言，这其实是一个正常的也是理想的比例。

中国官方统计数据对消费的低估来源于几个方面。首先，中国的统计数据大大低估了居住消费。若干经济学家（包括作者）在这方面已经指出过这一点，但是并没有引起足够的重视。即使国家统计局也早认识到这一点，但在实际统计中并没有做出相应的调整。居住消费由租金、房屋维修保养及水电煤气等支出构成，其中租金又包括租客支付的实际租金以及房产所有者自住的虚拟租金。理论上，自有住房的虚拟租金应该等于住在自有房屋中的居民要在租赁市场上租住类似的房子需要支付的租金。而在实践中，计算虚拟租金并非易事。统计局使用建造成本乘以一个固定的折旧率（城镇住房是2%、农村是3%）作为粗略的估计。虽然这种方法很容易，但是它大大低估了实际的居住消费。不仅建造成本大大低估了房屋的市场价值，而且2%的折旧率也低估了实际的租金回报率。使用这种方法计算得出的2009年中国居住消费占GDP比重仅为6%。然而，在同一年，经合组织中高收入的发达经济体（美、日、英、德、法、加）的居住消费占GDP比重都在14%左右，该组织中两个发展中国家墨西哥和土耳其的居住消费占GDP比重分别为 11.1%和16.5%。即使是印度，居住消费也达到GDP的8.6%。

根据我们的估算，在2009年，如果中国城市住房平均价格为每平方米4000元人民币（640美元），平均的总租金回报率是3%，由此计算出来的居住消费支出占到GDP的10%。仅这一项消费支出的重估就将中国的消费率提高了4个百分点！如果农村住房消费被官方统计低估了1个百分点的话，那么中国的总消费支出就被低估了5个百分点（顺便说一句，虚拟租金在国民经济核算中也是收入的来源，这意味着，中国的GDP也至少被低估了5%）。考虑到中国城市异常高的房价这一事实，中国的居住消费可能占到GDP的

11%或者更多。

导致消费被低估的另外一个原因是，官方统计数据不能涵盖由公司账户付费的私人消费，此项支出一般被视做企业的经营成本，如果是耐用消费品，则被视做投资支出。但在中国有很多这样的消费！例如，许多企业主或高管通过公司账户购买私人汽车，这些汽车的购置成本会被计入投资支出而不是私人消费。我们怀疑，大多数豪华进口汽车都属于这一类。这种通过公司账户进行私人消费的做法在中国普遍存在，包括吃喝宴请、旅游度假、汽车保养、汽油消耗、通信支出等，几乎任何可以开发票的家庭用品的开支都可以打入公司账户。对于国有企业的高管而言，公款支付的实物消费成了一项重要的福利。这种做法大大节省了公司层面和个人层面的所得税，但也因此让中国的消费被大大低估了。当然，要确切知道有多少这样的消费是不可能的。如果这些消费占家庭消费总量的10%，那么我国实际消费支出占GDP比重就被低估了3.5个百分点。

消费被低估的第三个原因则与住户调查方法有关。这种方法依赖于被抽样调查的住户每个月详细记录家庭的各项收入和支出，参与记账的家庭只得到很少的报酬。全国住户的消费支出总额则是用人口数量乘以住户调查得出的人均消费支出。这里会出现几个问题。首先，我们知道高收入、高消费的家庭在样本中的代表性是很低的，因为他们没有动力去报告他们的收入或者不厌其烦地记录每笔支出。这就导致全国人均消费被低估。其次，记账的住户很容易遗漏一些支出记录，尤其是一些比较小的支出，因为他们并没有多大的动力去保证记录的准确性。第三，实物消费可能被低估了，既可能是因为住户没有准确记录这类消费，也可能是用过低的价格来计算这类消费的实际价值。这里我们并不是要怪统计局工作做得不好，而是要告诉统计数据的使用者应该了解这些数据是怎么来的。

最后我们想要指出，学术界的经济学家在做国际比较时通常不会简单采用各国官方的统计数据，而是采用所谓的“佩恩表”的数据。该表是由美国宾夕法尼亚大学国际价格比较项目（International Comparison of Prices Program）根据各国商品价格的调查结果而重新编制的世界各国国民经济核算数据。佩恩表不同于官方国民收入统计之处在于它根据购买力平价对各国的消费和投资价格水平以及官方（或市场）的汇率做了相应的调整，使得各国的数据具有更好的可比性。

根据最新发布的佩恩表，即使不考虑我们上面提到的那些被低估或遗漏的消费支出，中国的消费占比在2010年（该表的最新年份）也达到了GDP的60.9%，而不是官方数据给出的47.4%。这个差别的主要原因在于佩恩表是用所谓的“国际价格”而不是用中国的名义价格来计算中国的消费和投资的价值。与投资品价格水平相比，中国的消费品和服务（包括政府服务）的价格水平较国际水平更低。具体来说，2010年中国居民消费的价格水平只相当于美国的42%，而投资的价格水平则相当于美国的68%。

此外，根据佩恩表，中国的消费率在1990年是58.9%（而不是官方的62.5%），而且，在过去的20年间，该比率一直稳定在60%左右的水平，而不是像未经调整的官方统计数据显示的那样在不断下降（从技术上讲，这是由于在此期间中国消费价格水平相对于投资价格水平上升更慢）。因此，如果说中国60%的消费率太低，那么，至少根据佩恩表的数据，在过去的20年里它从来都是这么低！但中国经济不正是在这20年里得到了飞速的发展吗？有什么理由认为中国的低消费现在就成了问题呢？

中国60%的消费率与同样基于佩恩表的数据计算出的东亚四小龙的消费水平具有很强的可比性。自80年代中期以来，韩国的消费一直占GDP的大约60%；中国香港地区的消费率在1960年以来也都保持在60%左右；新加坡自70年代中期以来的消费率从来没有超过60%，过去20年的平均消费率只有45%，比中国已经很低的官方消费率还要低很多。这三个地方都先后变成了高收入的发达经济体。中国台湾地区的消费率略高，但自20世纪70年代中期以来绝大多数年份都低于70%，在80年代中期低至60%。同样，另一个高储蓄的经济体日本在20世纪60年代中期以来的大部分年份的消费率也都低于70%，在一些年份还曾低到61%。

当然我们也不能迷信佩恩表的数据，但同时考虑到中国还有大量的消费支出并没有被官方数据统计进来，我们几乎可以肯定，用可比的国际价格来衡量的中国的实际消费率不会低于60%，与东亚四小龙所经历过的水平非常相似。也许正是由于类似的“低消费高储蓄”的倾向，中国很可能会成为下一个高收入的东亚经济体。

（发表于2012年12月31日FT中文网，与朱天教授合作，范璐译）

中国经济再十年

- 为什么中国还可以继续保持高增长？为什么高投资并没有阻碍经济的增长势头？
- 中国何以赶上美国的经济总量？我们如何分配资本来提高人均资本水平？
- 赶上美国的时间有多长？从现在起大概需要多少年？

非常感谢上海论坛给我的邀请，因为最后一个演讲，我还是希望把话题再拉回到中国经济上面，对中国经济的未来做一些探讨和展望，能够对前面James（诺贝尔经济学奖获得者詹姆斯·莫里斯教授）关于中国经济增长源泉的讨论有一个补充和延伸。

其实，经济学家很不善于谈论未来，也缺乏做预测的能力。不过，我今天还是选择了这样一个“朝前看”的题目，特别希望知道中国经济从现在到未来数年是否可以继续保持较快增长的势头，增长主要依靠什么，如何才能在超越日本经济总量之后不断缩小与美国经济的距离，并最终成为世界第一大经济体。我也顺便讨论一下，达到这个目标大概需要多少年。

我的演讲由以下三个问题构成。这三个问题其实都比较大，不过因为时间有限，我对这些问题的讨论却只能是最小尺码的。这三个问题是：第一，为什么中国还可以继续保持高增长？我重点说明为什么高投资并没有阻碍经济的增长势头？第二，中国何以赶上美国的经济总量？我要讨论我们如何分配资本来提高人均资本水平？第三，赶上美国的时间有多长？也就是从现在起大概需要多少年？

中国经济为什么还能继续高增长？

我们知道，中国经济现有的增长能力主要还是因为我们能够利用高储蓄来实现资本的快速积累。这是一个核心，其他的东西，比如开放与自由贸易、金融与企业改革以及教育的普及等，都是有利于资本的积累而不是相反的。刚刚James说，有没有出口其实对中国经济增长的影响并不大，也就是这个意思。不过，很多人对过快的资本积累还是忧心忡忡，担心快速的资本深化会像苏联那样拖累经济的增长，使得经济的快速增长不能持续。从理论上说，这样的担心是有道理的。资本积累太快，会导致投资的回报递减，阻碍经济增长。

我还记得，在2000年前后，包括我在内的海内外很多经济学家对中国经济后续的增长势头都非常的不看好。为什么呢？因为那个时候我们看到资本积累的速度越来越快于它的产出速度，这样就导致年度的资本对GDP的比率在1995年以来从1.6持续上升到90年代末的2以上。而且的确，GDP的增长速度一度有放慢的迹象。于是，在2002年我自己也发表了研究论文，认为资本的快速深化可能导致中国经济的增长出现了长期下降的趋势。但是后来我发现，我们都错了，因为中国经济从20世纪90年代中期到现在平均而言不仅持续高速增长，而且我们看到中国经济真正的实质性的变化反而是发生在过去15年里的。这是有目共睹的。张五常先生甚至把这一时期称为真正的中国奇迹。从这个意义上讲，我想一定是经济学家错了。

那么错在什么地方呢？我反思了许久，终于有所明白。多数人对固定资产投资的长期回报和合理性视而不见。一个被我们忽视掉的显而易见的事实是，年复一年的高投资在事后产生了长远和持久的回报，不断放宽着资本的瓶颈。由于种种原因，这一点并没有被更多的经济学家所重视。其实到现在为止，多数人还是认为，不改变高投资的模式，中国经济未来不可能持续地增长。例如，他们习惯于把中国经济增长的模式用高投资、低消费和高出口等来定义并且认为这些特征是未来增长持续的障碍。可能大家注意到了，纽约大学的卢比尼最近说中国经济2013年就要崩盘了，原因就是投资过度。还有，大家最近谈论较多的所谓消费不足，或者说劳动者收入占GDP的比重不断下降，包括收入差距过大等问题，似乎也都预示着我们的增长不可再持续。

我把持上述观点的人称为结构主义者，因为他们把所有这些“结构变量”都看成中国经济持续增长的障碍。在我看来，用这些比例尺度来检验增长是否可以持续的做法是有很大的问题的。这些比例变量并不是一成不变的，它们是会随着人均收入的增长和经济结构的变化而改变的。关于这一点，哈佛大学已故的库兹涅茨教授在20世纪60年代通过对跨国经验的研究就发现了。他的那些著作今天看的人已经很少了，可是他的书里却有非常多的智慧能够帮助我们来澄清很多有关经济增长的观念。他非常好地指出了经济增长与结构变化之间的双向关系。经济增长会引起经济结构的改变，而结构的改变也会促进经济增长。更重要的是，当经济结构发生变化之后，很多经济变量的原有的比例关系就会出现改变，甚至包括今天特别关注的收入的分布状况也会出现改变。库兹涅茨教授根据跨国经验的研究发现，收入的差距跟经济增长之间似乎呈现出一个倒U字形的关系。换句话说，收入的差距扩大往往发生在人均收入增长强劲的阶段。根据经济增长与结构变化之间的关系来考虑问题，我对中国经济未来的增长就没有那么悲观。我们需要调整的是看问题的时间尺度，把眼光放远一些，就会看到不同的东西了。当前的这些结构性变量（投资比例高、消费比例低、劳动收入占比下降及收入差距扩大等）本身不应该看做未来增长的障碍，相反，出现今天的这些比例关系，恰恰是因为经济的增长引起了经济结构的变化导致的。

举个例子吧。统计上看，最近10多年以来劳动者的收入与GDP的占比出现了下降的趋势。大多数人把这个现象看得很负面。我们自己的研究发现，其实这个现象背后反映的是经济结构的良性变化。为了揭示这一点，我们做了一个测算，发现工业部门的劳动者收入占比是最低的，而农业部门最高，服务业介于两者之间。这是可以理解的，因为农业是更加劳动密集型的。当经济增长引起农业份额逐步下降而工业份额上升的结构变化时，就会出现总体上的劳动者收入占比的下降趋势。可以肯定，将来随着服务业的份额在我们的经济中大幅度上升之后，劳动者收入占比就会逐步上升了。所以这些现象是经济结构变化的结果，没有那么可怕。我们的研究还发现，如果我们计算一下各个省的劳动者收入占比，我们发现上海是最低的，而西藏最高。这说明什么问题呢？说明上海的工业化程度最高啊。这就再次证明中国经济的结构变化是解释收入占比下降的主要原因，是结构的变化导致了我们今天看到的很多占比关系的改变。但只要我们不是静态地去看这些结构变量，它们就不是中国经济未来增长的障碍，相反他们应该用中国经济增长导致的结构变化来解释才对。

过去15年，我们的投资的确比GDP增长得快，导致投资率较高，几乎占GDP的一半。这么快的资本积累是否必然导致投资回报的下降和投资无效呢？不一定，关键是要分析每年新增的投资用在了什么地方。其实你到中国各地去看一下就会明白，我们每年的投资大多数是在新增基础设施上的，其次是更新或替换旧的资本设施和设备的。中国经济增长快，每年有大量的人口因为经济活动从农村迁徙到城市，从小城镇到大城市，每年不仅需要更多的资本增加，而且原来的资本消耗也快，很多资本设施包括基础设施都需要不断更新和替换。对扩大和更新基础设施的投资虽然短期看是没有什么太大回报的，但中长期看却有巨大的社会效益，它促进了生产要素在地区之间和行业之间的流动，也有助于吸纳更多的生产性资本的投资，所以，从中长期来讲它有助于明显改善投资效率和经济整体的生产率。

我们曾对中国经济的增长做过一个核算。我们发现，投资占GDP的比重在1993年到2005年上升了7个百分点，但同时它的劳动生产率增长速度也加快了，从7% 达到8.4%。劳动生产率的增长可以分解成人均资本水平的增长和全要素生产率的增长。特别要提示的是，我们看到，在这个发展阶段上，人均资本水平的提高是劳动生产率水平提高的主要原因。另外，我们也看到，全要素生产率的增长好于东亚四小龙在相似发展阶段上的这个指标。为什么会这样呢？我想就是因为我们每年的投资在不断扩大着经济发展的资本瓶颈，鼓励了劳动和资金在行业和地区之间的流动与再配置。要知道，劳动者和资金从低生产率部门或地区往高生产率部门与地区的转移必将提高整体的生产率水平。我把这种跨地区和跨行业的要素再配置产生的效率提高称为

"结构红利"。从增长的角度而言，中国经济的优势之一就是经济体量大而且地区间和部门间的劳动生产率落差特别的大。

因此，中国的投资有没有过多，有没有过度，不能只简单地去看投资率是不是上升了，最好的答案在于投资是不是帮助了结构变化，是否加速了劳动力与资金跨部门和跨地区的流动与转移，是否促进了劳动生产率的提高。这些才是经济持续增长的源泉。我相信，大家如果深入到基层和微观层面去观察中国经济的话，就会发现我们的经济在结构上的变化非常快，从而效率的改进是显而易见的。而这背后是资本积累做出了巨大的社会贡献。看来，库兹涅茨教授是对的。

如何有效提高人均资本水平？

前面我已经讨论过，中国未来的经济增长依然需要资本的快速积累。这意味着快速提高人均资本水平是可以在不久的将来在经济总量上赶超美国的唯一途径。那么，在未来的数年，我们应该怎么做？怎么来提高人均资本水平呢？让我算笔最简单的账。

中国跟美国在经济总量上目前大约是3倍的差距。具体来说，去年中国GDP的总量将近40万亿元人民币，按当时的汇率来换算差不多是6万亿美元，美国的GDP去年是15万亿元美元，我们其实是美国的40%左右，而在1978年的时候中国的GDP只有美国的6.5%。按照人头计算，我们去年是4400美元，相当于美国的1/11。但是因为中国的人口是美国的4倍，所谓要赶上美国的经济总量，我们只需要把中国的人均GDP提高到美国的1/4就可以了。提高到美国的1/4是什么意思呢？差不多就是提高到现在上海的人均GDP的水平。

实际上，人均GDP的差距反映的就是劳动生产率的差距。所以，中国要能够把全国的人均GDP提高到上海今天的水平，就需要考虑如何将全国的劳动生产率水平提高3倍以上，因为上海的人均GDP是全国人均GDP的3倍。

几年前，我与我的美国朋友Jefferson教授讨论过这个问题。怎样把全国的劳动生产率水平提高3倍呢？一种可能是，各地区的劳动生产率都提高3倍。但考虑到沿海发达地区的劳动生产率水平已经很高，在很多制造业行业，其生产率水平与高收入国家的类似行业差距很小，所以在不远的将来生产率大幅度提高3倍的可能性不大。看起来，务实的方案是把希望寄托在生产率落后的中西部地区以及生产率落后的那些行业，比如农业和服务业。

的确，中国的劳动生产率水平在行业之间和地区之间的分布非常不均匀，不仅农业和服务业的劳动生产率比制造业落后得多，而且总体而言，中西部地区的劳动生产率比沿海也显著落后。根据Jefferson和他的学生提供的2005年的计算数据显示，如果把沿海地区的工业的劳动生产率确定为1，那么，西部地区的工业劳动生产率就只有0.7，低了30%。农业和服务业也是如此。农业在中西部的劳动生产率比沿海地区平均要低一半。不仅同一个行业在中国的地区之间劳动生产率差距非常之大，而且在不同的行业之间劳动生产率差距也非常大。比如说，农业的劳动生产率要比工业低两三倍，服务业也要低40%。

这么大的生产率差距当然就会反映在人均GDP上。不可否认，中国的人均GDP在地区之间和行业之间存在着相当大的差距。但是，动态来看，这些生产率的差距包含着未来人均GDP增长的一个源泉，因为只要生产要素，特别是劳动力和资金能够从低生产率的部门和地区向高生产率的部门和地区不断转移，我们整体的生产率水平和人均收入就会大幅度提高，而且这个提高的过程是各地区和各部门的生产率水平与收入不断缩小的结果。因此，提高劳动生产率3倍以上的这个方案从总体上来讲就要求中国未来的赶超政策应该是鼓励生产要素在部门和地区之间的进一步流动而不是相反。上面James讲到的中国劳动力人口的持续流动在未来还是很重要的，这一点我非常赞同，因为即使到未来的话，我想我们的劳动力从农业还是要大量转移出来，因为农业劳动生产率太低了，不仅在东部，而且在中西部地区更低，这就意味着农业仍然有太多的劳动力需要出来。人口的转移需要加快城市化的步伐和服务业的增长。中国的服务业在生产率上远远落后于工业，仍然需要有更大的资本投入和政策支持，这样才能够缩小与工业之间的劳动生产率的差距。

从这个意义上讲，要把我们整体的劳动生产率水平提高到上海的水平，就意味着说我们的农业和服务业的劳动生产率水平，以及中西部地区的劳动生产率水平需要大幅度地提高。那么这个提高靠什么呢？前面我谈到，在相当长的发展阶段上，中国是要依靠提高人均资本水平来提高劳动生产率的。而提高人均资本水平就特别需要不断来改善中西部地区物质基础设施的水平，需要加快落后地区工业化和城市化的发展步伐，需要不断提升农业与服务业的资本装备水准。

按照这种方式来提高劳动生产率也有助于缩小我们的收入差距。大家知道，中国的收入差距里面，其实沿海和中西部地区的差距远远比城乡之间的差距要来得大。所以，我们把更多的资本投入到低生产率的落后地区和低生产率的落后行业，应该可以在未来逐步缩小中国的收入差距。如果可以做到这些，看来，库兹涅茨教授所说的经济增长与收入差距之间的倒U型关系就可以被验证了。

何时赶上美国？

最后我想来做一个简单的预测。其实，这无非就是一个算术，算算中国经济什么时候可以成为世界上最大的经济。可能大家都注意到了，最近国际国内预测中国何时成为世界上最大经济体的预测接连不断，都不止10个。而早在2003年的时候，高盛就有一个预测，今天看起来显然是非常的保守。它的预测说，中国经济的规模在2039年可以接近美国，2041年成为世界上最大的经济。这个预测太保守，因为它当时认为未来10年中国经济增长率会降低为大概5%，之后只能增长3%。显然，这是一个被证明出错了的预测。当然，它也没有估计到人民币对美元的汇率变化的速度。

实际上，尽管人们一直对投资过多的诟病不绝于耳，但中国经济在2003年之后的增长速度依然强劲，着实让很多经济学家汗颜。按照名义值计算，GDP每年增长14%。根据指数增长的“70法则”，14%的名义增长率就使得我们的GDP总量每5年翻一番。扣除价格因素的GDP保持了9%以上的增长，经济总量基本上7年就翻一番。再加上人民币从2005年开始平均每年5%的升值速度，结果，2005年的时候我们就超过了英国的经济总量，2007年超过了德国，去年又超过了日本，成为世界上第二大经济体。

根据“70法则”这样一个简单的原理来推算中国需要多少年能赶上美国，关键是要考虑这样一个问题，那就是经济在未来的增长速度可能会是多少。要估计未来的增长速度，就要考虑“雪球效应”。经济总量越大，未来增长越慢，人均GDP越高，增长越难。前一个问题是自然规律，基数大了，增长率就会放缓。而后一个问题，即人均GDP越高，增长越难，则是更重要的问题。中国的人均GDP超过了4000美元之后，未来还有多大的可能继续保持比较快（如7%—8%）的增长率，这对于我们预测未来中国何时赶超美国至关重要。

自从亚洲开发银行2006年提出“中等收入陷阱”的概念之后，关于一个经济进入中低收入行列之后如何还能朝中高收入乃至高收入行列迈进的讨论开始多了起来。“中等收入陷阱”的核心问题是一个达到了中等收入的经济是否还能在未来继续保持较快的经济增长率。预测中国经济未来的增长率，当然不能回避这个可能的陷阱。现在经济学术界似乎比较一致的看法是，中国经济当前面临的结构性问题，比如投资过度、消费不足、劳动收入占比过低、城市化率过小、收入差距过大、工业比重及贸易依存度过高等，很可能让中国跌入“中等收入陷阱”。看起来，大家对前景比较悲观。

那么，以上这些看法是否有道理？那些结构性的问题是否必然把中国拖入这个陷阱呢？北京大学的蔡洪滨教授最近做了一个研究。他用跨国数据的回归来考察什么因素会影响一个国家能否成功摆脱“中等收入陷阱”。具体而言，他想了解，当一个国家或地区的人均GDP达到了3000美元之后，什么因素会影响其接下来20年内是否进一步增长至15000美元。他的概率回归结果显示，以上我提到的所有的结构变量在统计上都不显著，说明今天我们所看到的结构性因素没有一个能够决定一个经济能否摆脱“中等收入陷阱”。因此，简单地看一个结构因素对经济增长的影响，甚至用一两个国家的经验去说明某个结构因素的重要性，在学术上是不可靠的，甚至还可能误导政策。根据蔡洪滨教授的回归结果，如果把中国当前的特征代进去，可以计算出人均GDP超过3000美元之后的第20年，人均GDP达到15000美元的概率大概是64%。很容易推断，20年内人均GDP从3000美元提高到15000美元，GDP的年均增长率是8%左右。

基于这样的分析，未来10—15年的中国经济可以保持7%—8%的增长率应该不算太离谱。那我就暂且接受这个结论。然后我们来做一个最简单的推算。假定中国经济未来平均增长8%，美国是2%，人民币对美元的汇率保持3%的升值速度。另外，我们假设中国的CPI通胀水平小于5%，美国小于2%。这样的话，可以推算出中国在2020年之前就可以达到和美国一样的经济总量了。

如果我们再务实一点，假设未来10年的头5年中国经济保持8.5%的增长率，后5年降至7%，那么未来10年中国经济的平均增长率是7.75%。假设美国头5年增长3%，后5年增长2%，那么美国未来10年的平均增长是2.5%，人民币对美元每年升值3%，这样推算下来中国在2019年就赶上美国了。这其实就是英国《经济学人》年初的预测方法。

这些推算利用了我刚刚讲到的“70法则”。大家可能注意到了IMF前不久也公布了一个预测结果，当然它是用一套所谓购买力平价方法换算的结果，与按照现行的汇率换算不同。所谓购买力平价，就是假设一个美元在全球的购买力都应该是一样的。这样来换算，中国现在GDP的总量应该是比按照官方汇率换算的数据要高出1倍，差不多是12万亿美元这样一个水平。所以根据他们的测算，中国去年的GDP实际上应该是11.2万亿美元，而美国的GDP则没有什么变化，15.2万亿美元。IMF在它们的假设条件下预测，到5年以后，也就是2016年的时候，中国GDP的总量就在19万亿美元的水平，而那时候美国是18.8万亿美元。这样的话，中国5年后就赶上美国了。到那个时候，中国经济的总量占全球的比重就差不多是18%了。

如果按照这种逻辑推下去，到2020年的话，中国经济增长的总量按照购买力平价的换算结果，占全球应该是接近25%了。那么这是什么概念呢？刚才联合国贸发会议的素帕猜先生说，中国经济成为老大没有什么可激动的，不过我还是很激动。已经过世的著名经济史学家麦迪森先生曾经复原的数据显示，中国经济在1820年占全球的28.7%，而200年以后，到2020年，中国经济如果能够回到25%以上的占比的话，我想这件事情对所有中国人来讲都是值得激动的。就在前不久，美国的一个投资者告诉我说，中国经济成为世界最大的经济对全球而言其实有很多含义，比如说，我们做投资的就要考虑10年以后我们是买黄金，买美元，还是买人民币，这个当然是很不一样的。所以中国经济能不能赶上美国，成为世界最大的经济体，这件事情我想的确值得我们想象。在英国即将出版的一本书的题目就叫《中国2020》，它试图让人们设想一下，10年以后中国可能成为世界最大经济体之后，全球的格局，包括外交、政治、经济、文化等各个方面会逐步发生什么样的变化。让我们期待吧。谢谢。

（本文发表于2011年6月12日《解放日报》）

中国经济还能再增长多久？

唱衰中国的还有很多著名的经济学家。可能最有名的要数那两位美国经济学家。一位是诺贝尔经济学奖得主克鲁格曼，他对亚洲整个都是唱衰的，而且唱衰20年了。还有一位是纽约大学Stern商学院的鲁比尼。他们一致唱衰中国，认为中国经济在两到三年的时间里就会出大的问题，就会熄火。这些言论很有市场。有的时候，你对中国经济的乐观反而不受欢迎，甚至得不到重视。这个现象很奇怪。

各位同学、各位老师，看到今天的场面我很感动，我刚刚跟老邓（复旦大学特聘教授、社会科学高等研究院院长邓正来——编者注）在说，这个地方我选对了，因为我本来可以在经济学院做这个报告，而选择高等研究院这个平台是因为老邓以及高等研究院比我更有号召力，所以今天来了这么多的听众，我首先表示感谢。同时我还要感谢韦森和石磊两位教授，也是我的好朋友，他们今天也来出席这个报告会，担当评论，也是对我的捧场。其实，今天有这么多的同学参与，已经说明大家对中国经济的未来这个话题非常感兴趣。而自从2010年以来，国际上关于中国经济未来的讨论热情也重新高涨。为什么西方那么关注中国经济的未来？首先是因为中国经济变大了，变得重要了，人们不仅不能忽略中国经济，而且必须要了解在不远的将来世界经济格局将因为中国的经济主导而发生怎样的变化。

在中金研究部的黄海洲先生说，他最近到了华尔街，亲身感受到华尔街的很多投行对中国经济的前景很不看好，而且是非常认真地不看好。仔细想想他们不看好的理由后，海洲发现，那些对冲基金或许认识到当前唱衰中国是能有机会挣钱的。

当然，唱衰中国的还有很多著名的经济学家。可能最有名的要数那两位美国经济学家。一位是诺贝尔经济学奖得主克鲁格曼，他对亚洲整个都是唱衰，而且唱衰20年了。还有一位是纽约大学Stern商学院的鲁比尼。他们一致唱衰中国，认为中国经济在两到三年的时间里就会出大的问题，就会熄火。这些言论很有市场。有的时候，你对中国经济的乐观反而不受欢迎，甚至得不到重视。这个现象很奇怪。

过去三年里面，我比更多的人有了更多的时间去阅读、观察和思考中国的经济，这使得我今天能跟大家分享一些我个人在中国经济未来前景问题上的看法。但是，要回答中国经济还能再增长多久的问题，的确是比较困难的，因此我只能做一些简单的讨论，希望引起大家进一步的思考。今晚我想谈三个小的题目：第一，为什么我们能实现高增长？第二，未来我们还能增长多久？最后和大家一起讨论一下影响未来中国经济持续增长的条件，以及这些条件在未来是不是能得到满足。

我们为什么实现了高增长？

按照当年价格计算的中国的经济总量现在已经有差不多50万亿元，换算成美元，将近美国经济总量的一半了。不仅有如此巨大的总量，而且它的增长速度还非常快。按照名义值计算基本上平均5年翻一番，即使按照可比价格计算，GDP平均7年也可以翻一番。于是，到了2005年，中国的GDP总量超过了英国，2007年又超过德国，到2010年刚好超过日本，成为世界第二大经济体。估计按照目前的增长趋势，只要中美两个国家的经济增长率之差可以维持在3.5到4个百分点的话，中国的GDP总量在2020年前后跟美国持平甚至超过美国是肯定的。

讨论这个速度的含义是很有意思的。过世不久的著名经济史学家Angus Maddison教授曾经复原西方早期经济史的数据后发现，在18世纪之前的西方世界，人均收入的变化非常缓慢，人均收入要翻番几乎要1千4百多年。只是到了英国工业革命之后，随着技术的革命性进步，很多西方国家的经济增长速度才真正加快了，比如很多国家实现了人均收入2%—3%的增长速度。不过，在第二次世界大战之后，这个世界不一样了，世界上出现了一些增长特别快的经济体，主要集中在东亚地区，有日本和东亚四小龙（英文世界里说成是四小虎）。这些经济可以保持7%、8%的增长率，这样的话，10年就可以实现人均收入的翻番。所以，谈到高速增长这一现象的话，其实不是很遥远的事情，也就半个世纪的历史。

为了理解这些高速增长的现象，经济学家提出了一个简单而重要的概念，就是所谓“收敛假说”。意思是说，一个比较落后的经济有可能实现比富裕的国家更高的增长率。为什么有这个可能性呢？因为第一，落后经济的分母小，增长率容易更高；第二，更重要的是，落后经济可以模仿发达经济的制度、技术和生产方式，容易赶超后者，反而处在前沿的国家因为没有可追赶的对象，所以增长会趋缓。

这个假说非常重要，它至少帮助我们认识了今天为什么可能有更多的经济赶超的现象，而且这些赶超的经济确实取得了非常好的发展成果。但是，收敛假说并没有给出实现收敛的条件是什么。也就是说，它没有回答一个根本的问题，那就是，要实现赶超，一个国家该怎么做。实际上，要获得这个问题的答案，我们必须去寻找和研读发展经济学或增长经济学家们的研究文献，这些文献试图从理论上去弄明白一些成功的经济体成功在什么地方。特别要指出的是，1994年世界银行出版了非常有影响的研究报告《东亚奇迹》，对东亚经济为什么可以实现高速而持续的增长做出了系统性的研究和总结。尽管存在争议，但这个报告为我们认识经济收敛发生的条件提供了重要的参考。

经济学家发现，要实现经济发展，一个国家必须有比较快的资本积累，换句话说，不能把所有的收入都吃掉，因为都吃掉的话，没有积累，就不能发展了。我这里引用1979年诺贝尔奖经济学获得者Arthur Lewis的一段话，这段话出现在他1954年那篇有影响的论文《劳动力无限供给下的经济发展》中。他说："在经济发展的理论中，核心的问题是要弄清楚一个经济体从前的储蓄和投资仅占其国民收入的4%—5%，甚至更少，是如何能将其自愿储蓄提高到占其国民收入的12%或15%，甚至更高的。之所以这是核心问题，那是因为经济发展的核心事实是资本（包括资本中包含的知识和技能）的快速积累。"Arthur说得很清楚，经济发展的最核心问题是加快资本积累，就是这个国家的国民收入中用于储蓄和投资的部分要大幅度增加，国民收入不能都消费掉了。你看现在欧洲很多发生债务危机的国家，他们为什么出现经济停滞呢，一方面因为收入水平相当高，增长动力没有了，但是即使这样也可以看出这些国家的国民储蓄已经很低了，每年挣的钱都用于社会保障和其他消费了，没有存留，甚至要举债用于消费和社会福利开支。这是一个很大的问题。对于那些非常贫穷的国家，比如非洲，经济发展一直不尽如人意。什么原因？我前几年到开罗参加一个关于经济发展的会议，就专门讨论"非洲可以从东亚学到什么”这个主题。战后半个多世纪，世界银行在非洲尝试了所有的增长模式，但是没有一个成功的，任何模式在非洲都不管用，其中一个重要原因就是储蓄率过低。

20世纪60年代以后，中国香港、台湾地区以及新加坡、韩国成功实现了经济增长，而它们的共同特征就是储蓄率比较高。为什么东亚人储蓄而非洲人不储蓄？当然这个是很大的理论问题，一直到现在经济学家也没有给出一个令人信服的简单的答案。不过，东亚人非常重视子孙后代的财富和幸福，总是朝前看，这是文化的差异造成的。

接下来的问题是，如何实现较快的资本积累呢？苏联过去的资本积累也很快，那些曾经实行计划经济体制的国家也都有很高的积累率，但是经济并没有得到很好的发展，即使有过高速增长的阶段，也只是昙花一现。1960年的时候，赫鲁晓夫在联合国脱掉靴子敲打主席台，大声高喊“我们埋葬你们！”可是不久苏联的经济就出大问题了。原因是什么呢？主要是因为技术不进步。你有高积累没有用，你必须要有技术进步，否则你投资多了，资本的边际回报出现递减，所以增长变得不可维持。事实上，对于发展中国家或者比较落后的国家而言，确保资本的积累过程伴随足够的技术进步是非常重要的。

中国在过去20年里保持了比较高的投资率（但即使这样，中国的储蓄率仍然在多数年份大于投资率），使得资本存量快速增加。我的计算显示，过去20年，资本存量平均每年增长大约12%，高于改革的头10年，因此资本产出比在90年代以后快速提升，而这个时期正是中国GDP增长最快的时期。

要指出的是，资本积累的加快伴随了技术的进步，这是与苏联很不同的。在中国，技术的进步在很大程度上依赖了贸易。中国过去20年，进出口贸易增长非常快，而且贸易的扩张主要通过外商在华的直接投资而实现，这是技术进步的重要来源。对中国经济发展来说，进口甚至比出口更重要，因为相对于出口消费品而言，中国进口的大都是资本品和中间品，所以进口的都是技术、包含在资本品中的技术。以贸易和外商直接投资为途径吸收和消化国外的技术，并逐步实现技术的本土化和技术升级，是中国技术进步的基本方式。

资本积累是否伴随了技术进步，大概可以用最简单的增长核算方法看出来。增长核算的原理是，投入要素的增长率的加权值是否大于或小于产出的增长率。两者之差被称为全要素生产率的增长率。过去经济学家对苏联的增长核算发现，只有1965年之前的时候全要素生产率还不错，但从此以后全要素生产率就出问题了，一直到苏联解体，整个苏联的经济都没有被挽救得了。用同样的方法研究东亚四小龙，发现这个全要素生产率的增长率是正的，这是核心的区别，不要看苏联有高积累，韩国也有高积累，但是这两个增长的机制是完全不同的。绝大多数的东亚经济体，全要素生产率的增长率都很好。

迄今为止的研究都发现，中国在高速资本积累期间依然保持了较好的全要素生产率的增长率，大概每年平均3%—4%，对GDP增长的贡献平均在35%—40%。这个成绩即使与东亚经济相比，也是相当不错的。我认为这是可以理解的，因为在过去20年里面，伴随资本积累过程的是我们的市场开放、竞争、贸易扩张和外商直接投资的增长，所有这些都帮助中国可以维持较好的技术进步的速度。这也就帮助我们回答为什么中国经济可以增长这么快的问题。我想，这不仅因为它的资本积累的速度加快了，中国有不断提高的投资率，我想更重要的是它的总体的投资效率、技术的进步都非常的明显。

我们还能再增长多久？

现在大家非常关心中国经济的较快增长趋势还可以持续多久？坦率地说，经济学家还没有很好的办法去预测未来的经济增长。不过，收敛假说还是能够帮助我们来思考这个问题的答案。如果从收敛的角度来看问题，那么我们就需要简单地讨论一下中美两个经济的差距了。因为，差距越大，追赶的空间就越大，而差距越小，经济赶超的速度就越慢。换一个说法就是，人均收入越高，增长越慢。

我记得2003年高盛有一个大胆的预测说，2041年中国经济总量才有望超过美国，也就是说，中国还要用38年才可能超过美国成为世界最大的经济体。这个预测今天看过于保守，但是在2003年的时候中国的人均GDP毕竟刚刚超过1000美元，而且高盛假设中国的人均GDP从1000美元提高到5000美元的过程中，经济增长率是要从10%下降到5%的。现在看来，这个假设大大低估了中国经济增长的能力。

在2010年中国经济总量超过日本之后，国内外出现了关于中国经济何时超越美国的多个预测，其中绝大多数的预测都基于收敛假说来考虑未来的增长率变化。比如，如果我假设未来10—15 年中国经济可以保持8%的增长率，美国2%，人民币对美元的汇率保持3%的升值速度。另外，我们假设中国的CPI 通胀水平小于5%，美国小于2%。这样的话，可以推算出中国在2020 年之前就可以达到和美国一样的经济总量。如果我们再务实一点，假设未来 10 年的头5 年中国经济保持8.5%的增长率，后5 年降至7%，那么未来十年中国经济的平均增长率是7.75%。假设美国头5 年增长3%，后5 年增长2%，那么美国未来10 年的平均增长是2.5%，人民币对美元每年升值3%，这样推算下来中国在2019 年就赶上美国。这其实就是中国社会科学院和英国《经济学人》集团2010年年底的预测方法。

IMF 2011年初也公布过一个关于中国经济赶超美国的预测结果。不过，它是基于购买力平价方法来预测的。按照IMF的换算方法，中国2010年的GDP总量应该比按照官方汇率换算的美元数据高出1倍，差不多应该是11.2万亿美元。而美国的GDP则没有什么变化，是15.2万亿。IMF 在它们的假设条件下预测，到5年以后，就是2016年的时候，中国GDP 的总量就在19 万亿美元的水平，而那时候美国是18.8万亿。这样的话，中国5年后就赶上美国了。而且可以计算出，到那个时候，中国经济的总量占全球的比重大概是18%。我用这个逻辑推下去，到2020年，中国经济增长的总量按照购买力平价的换算结果，占全球应该是接近25%了。这让我想起著名经济史学家Maddison先生曾经复原的一个数据。那个数据显示，在1820年，中国经济曾经占全球的份额为28.7%，而200年以后，到2020年，中国经济终于又回到了这个点上，真是风水轮回转啊。去年底，在华盛顿的彼得森国际经济研究所出版了它的资深研究员Arvind Subramanian的一本书，叫做《黯然失色：生活在中国经济主导的阴影下》（*Eclipse: Living in the Shadow of China's Economic Dominance*）。用他计算的“经济主导指数”来估计，中国经济现在已经是老大了，不是5年以后，是现在。而且他对中国经济的前景非常乐观。

到目前为止，少有人对2020年中国经济赶超美国的预测持反对意见，我们暂且认为这是一个大概率事件。不过我要与大家再讨论的是，2020年之后，作为世界上最大的经济体，中国还能再增长多久？

我们知道，即使到2020年前后，中国经济在总量上和美国持平了，但是中国的人均收入还是很低的，大概相当于美国的1/4，也就是说相当于现在上海和美国的人均GDP的差距。假设今天的世界银行的标准在未来不变，那么以15000美元来衡量，到2020年，中国还是一个介于中等收入和高收入之间的收入水平的国家，而且仍低于东亚四小龙的收入水平。从收敛假说来思考，我们还有快速增长的空间。那么，这个空间在哪里呢？这个空间可以维持多久的高增长呢？老实说，这些问题不容易回答。让我结合一些参数来大体讨论一个答案吧。

首先，目前作为中上等收入的国家，中国未来依然有巨大的投资空间。到2010年年底，中国资本存量大约是GDP的2倍多，差不多是93.3万亿元人民币，相当于13.8万亿美元。而美国在2010年年底的资本存量是44.7万亿美元，我们还只有美国的1/3多一点。按照人均计算中国就更低了。2010年中国人均的资本存量只有1万美元，不到美国的10%，不到韩国的20%。即使我们的基础设施建设已经取得了很大成就，但与美国的差距还是巨大。以铁路为例，按照规划，中国铁路里程在2015年将达到12万公里，也仅仅是美国22万公里的一半。现在的9万公里铁路也主要集中在东部地区，中西部地区要达到5万公里的里程也要到2015年。我们过去20年加快了高速公路的建设，但按照密度来算，中国现在仍低于整个OECD国家的平均水平，大概只是他们的70%。而在中国的内地，这个密度更低。再看城市轨道交通。中国500万人口的大城市将近100个，可是现在80%的城市是没有地铁的，现在的地铁里程90%集中在东部地区。从这个意义来讲，即使在2020年之后，中国的投资空间依然很大，经济可改善的余地依然很大。这个是很重要的。事实上，即使整体上进入了中上等收入的阶段，但中国内部的地区之间依然有巨大的“赶超”空间。东部与中西部地区、沿海和内地的人均资本存量差距非常大。以2009年的数据为例，沿海11个省市的人均GDP和人均资本存量比内陆20个省市几乎要高一倍。我们可以估算一下，如果沿海人均GDP是1.2万美元，内地平均是6000美元，再假设内地有9%的增长率，沿海有5%的增长率，可以匡算出，内地大概需要20年才能收敛于沿海的水平。

到2020年以后，中国经济的增长速度一定会慢下来，但不会太低（如5%）。我认为平均而言再维持10年的6%—7%是完全可能的。这不仅因为东亚经济在人均收入达到中高水平以后都保持过较快的增长，国际上有先例，更重要的原因是中国内部的地区差距造就了巨大的投资和生产率的改善空间。

为什么我对中国经济从现在起继续维持20年的较快增长有信心呢？除了

以上的分析要点之外，也许还可以从一些参数的变化趋势推算出来。首先我们来看中国就业结构的变化趋势。我们都知道，所有成功实现工业化的经济体都表现出一个共同的特点，就是当它的增长重心从传统农业部门转向现代工业和服务业部门的过程中，它的劳动力也就随之从农业转向制造业和服务业。这个结构变化的过程是经济发展的重要标志。中国也不例外。在过去30年里，制造业和服务业吸纳的劳动力的比重大幅度上升，农业劳动力所占的比重下降了30%，平均每年下降1个百分点。现在，农业的附加值占GDP大约10%左右，未来还将会缓慢下降，有研究估计，到2030年会下降到5%—7%，接近发达国家的水平。这意味着未来中国经济的发展还将继续减少农业部门的劳动力。可以预料，按照每年下降1个百分点来估计，农业劳动力占比从现在的30%下降到10%以下，从而接近农业附加值占GDP的份额，至少还要20多年。

从另一个参数来讨论也可以得出相似的结论，这个参数就是中国城市化率的未来变化。去年有一个消息引起了很多人的关注，国家统计局说中国的城市化率超过了50%，这意味着城市人口首次超过农业人口。城市化率从20%到现在的50%，用了30年的时间，平均每年提高1个点，这1个点的背后是1000多万人成为城市人口。按照这个趋势推算，未来中国的城市化率要达到高收入国家的平均水平，即70%，从现在起也还需要20年时间。因此，我认为，即使2020年中国成为世界最大的经济体了，之后应该有不少于10年的空间来完成经济结构和就业结构的转变与现代化，从而维持比较高的增长率。这可以算作一个经验证据。

我们具备未来经济持续增长的能力吗？

从某种意义讲，以上的讨论还只是给出了未来持续较快增长的必要条件，不一定充分。现在每个人都关心中国未来是否具备再增长的能力。特别是，在需求条件上，中国未来是否可能释放和维持旺盛的国内需求来支撑经济的持续增长；能否在未来站到技术的前沿；能否成功实现产业的升级。对于这些问题，今天我只能简单谈一下我的看法。我分为两个方面的问题来讨论，一个是关于未来的国内需求条件的变化趋势，特别是消费需求和储蓄率的变化，另一个是关于技术进步和未来产业升级的问题。因为这两个问题都与现在备受关注的"中等收入陷阱"有关，所以，我下面的讨论也有助于回答中国为什么不太可能跌入这个中等收入陷阱的问题。

首先讨论关于维持未来较快增长的需求条件的问题。这个问题之所以要提出来讨论，是因为目前非常流行的观点就是所谓"内需不足"，特别是消费的严重不足。基于对当前需求不足的判断，多数人认为消费萎缩使得中国未来不足以维持再增长，相反，增长即将"熄火"。

坦率地说，消费占比的下降对我而言一直是一个谜团。因为从数据上看，中国家庭消费开支的增长并不慢，这不仅因为这些年社会商品零售额的名义增长率都超过了17%，也因为家庭在住房、教育、金融中介服务以及医疗保健和养老等方面的开支增长更快，即使扣除价格因素，其增长率与GDP的增长也看不出存在显著的落差。不仅如此，最近Subramanian教授提到，如果把中国和亚洲主要经济体的人均消费增长做一个对照就发现，在相似高增长的阶段，中国的人均消费的增长显著好于日本、新加坡、韩国和中国香港、台湾地区等。所以，我一直不太理解为什么过去10年会出现消费占GDP比重持续下降的现象。从官方数据上看，家庭在住房消费开支以及服务消费等方面的开支存在被严重低估的可能。比如在房屋私有化率高达90%的情况下，国家统计局也承认缺乏足够可靠的历史资料来估算“虚拟租金”。另外，国家统计局利用现有的官方社保、医疗、金融、保险等部门的统计资料进行推算的做法也低估了家庭在教育、医疗以及金融中介服务等方面的实际开支。

一个可以理解的现象应该是，与发达国家相比，中国的总消费支出占GDP的比重依然是低的，这主要是因为我们处在高增长和高积累的阶段，GDP里面每年要拿出更多的部分去投资、搞建设，为的是提高人均资本存量和劳动生产率。当然，就算我们相信消费占比在下降，那也只是比重的下降，而不是绝对量的减少。从这个意义来讲，我们没有必要对中国未来的消费需求的释放表示悲观。

无论过去消费的占比是否出现下降趋势，我相信未来的消费占比一定会不断提高，因为首先，随着人均收入的提高，中国社会的消费升级不可避免；其次，城市化的进程将不断释放住房消费的能量；第三，城市化的进程伴随教育、医疗健康以及社会保障等公共品的均等化，将大力推动未来服务消费的进一步增长；第三，随着低收入阶层住房保障体制的逐步完善，也会带动大量低收入阶层的消费支出的增长。

未来消费占比持续提高的结论还可以从国民储蓄率的未来变化中推断

出来。从亚洲四小龙和日本的情况来看，他们都曾经经历过储蓄率上升转而下降的过程，这在很大程度上与人口转变有关系，因为人口红利的存在会提高国民储蓄率，而人口红利的减退将降低国民储蓄率。根据已有的关于中国人口转变的研究和预测，中国在未来20年不可能继续保持这么高的国民储蓄率。根据第六次人口普查的结果，中国的生育率已经很低了，和发达国家差不多，一个妇女平均生1.6个孩子，出生率是很低的。普查还发现，中国有1.776亿人口是在60岁以上，就是说中国将与东亚经济一样正在快速进入老龄化的社会。人口越老龄化，国民储蓄率就会越低。实际上，如果根据联合国的预测模式来推算，中国的主要储蓄者（也就是35到54岁这个年龄段的人）比例的峰值应该是在2010年前后。这意味着国民储蓄率的最高值也就在这几年见顶了，之后只会降下来而不会持续上升。

随着老龄化的到来，中国的家庭储蓄率一定会逐步下降，不可能继续维持目前大概30%的水平。不仅家庭储蓄率要开始下降，而且因为老龄化将迫使政府的收入中要有更多的钱用于社会保障、养老和医疗保障等消费项目，不能更多地用于经济建设，这必然会降低政府的公共储蓄率，提高政府公共消费的占比。从这个角度来说，中国经济的基本建设和资本形成的高峰期可能也就再有15到20年的时间，这对中国经济收敛于高收入发达国家至关重要。从国际经验看，我认为，过了这个时期，中国的经济增长率不太可能高于5%，虽然到那时消费需求将扮演更重要的角色。

接下来我再讨论中国未来的技术进步和产业升级的问题。技术和产业的升级是经济发展的重要现象。未来经济的持续增长，人均收入从5000美元提升到15000美元，甚至再到20000—30000美元的水平，必然要依赖其间的技术和产业的持续升级换代。有意思的是，目前多数人较为悲观，很多人担心中国在未来未必能拥有实现技术和产业升级的能力。出现这样的担忧是因为他们对现状不满意，看到过去30年中国的技术进步还主要依赖贸易和外商直接投资的技术转移，自主研发和创新的能力还不足；即使已经成为贸易大国，我们出口品的附加值率总体还不高。但问题是，看到了中国与发达经济体在技术创新和产业结构上的巨大差距，是否因此就断定中国难以在未来保持较强的技术创新与产业升级的势头呢？我认为这样的思维方式不可取。正确的思维方法是观察中国在技术进步和产业升级方面走过来的路径是否大体正常，中国的道路是否遵循了一般的经验规律。正常的思维是，在很多方面，中国不会例外。而例外主义的思维方式已经扭曲了我们看问题的角度，需要引起我们的反思。

从经济发展的国际经验来看，技术和产业的升级与人均收入的提高有显著正相关的关系。反观过去30年，中国的产业结构变化非常明显，即使在贸易领域，出口产品的构成和技术复杂程度也在持续上升中。哈佛大学的经济学家Rodrik教授在2006年的一项研究就曾发现，中国出口品的构成几乎与法国一样，从出口品的技术复杂性来推算，中国的人均收入应该比现在高出3倍才对。的确，与中国出口产品种类相似的那些国家，其人均GDP水平都大大高于中国。Yang等人2009年的研究同样发现，20世纪 80年代以来，中国出口产品的技术构成得到了较大幅度的提升。Amiti和Freund在2010年通过比较1992年和2005年中国的出口产品构成发现，农产品和纺织服装占中国出口额的比例显著下降，而计算机及其他电子产品在出口中的比例则大幅上升。Wang 和Wei在2010年的一个研究中把中国出口产品的种类与发达国家对比，发现G3 国家出口而中国没有出口的产品种类从1996年的101种下降到2005年的83 种，分别占所有产品种数的2.44%和1.97%。

我不否认中国出口的技术含量和技术复杂性的提高部分会因为加工出口占比较高而有所高估。但是，我们也必须看到，加工出口的占比多年来是在下降中。更重要的是，当今世界是平的，技术进步与贸易密不可分。发达国家和新兴市场经济国家的分工格局已经转变为垂直分工为主了，在这种背景下，技术进步不再是过去那种完全靠自己关门做研发的模式来推进。从这个意义来讲，我们靠引进技术，特别是通过贸易和投资的方式引进跨国公司的技术并进行消化，最后发展出本土化的技术创新能力就是符合经验规律的正道。即使在加工贸易领域，看上去是用别人的技术，或者消化别人的技术，能做好这个也是不简单的，不要以为别人的技术转移过来就可以帮助实现自己的技术进步。很多经验研究发现，国外的技术转移过来，能够有正面的溢出效应并取得带动技术本土化的效果，自己必须是要具备良好的研发基础和消化能力的。不可否认，得益于教育和人力资本的快速积累，中国在这方面的表现显然略胜一筹。

我们最近做过一个研究，就是利用2008年海关的贸易数据和工业普查数据测算了100多个制造业行业的出口附加值率，也就是出口价值中的国内附加值所占的比重。根据我们的估算结果，由行业加权的2008年中国出口品的国内附加值比重为67.78%。为了更好地理解这个比重的含义，我们找到了

2011年世界贸易组织出版的WTO和日本亚洲研究所（IDE-JETRO）合作研究贸易模式变化的一个报告。这个报告使用IDE-JETRO编制的涵盖9个国家和地区（日本、印尼、韩国、中国台湾地区、泰国、马来西亚、菲律宾、新加坡和中国）的亚洲投入产出报表（AIO）2008 年的数据，估算出的9个经济体贸易加权的出口品的国内附加值率值平均为72%。其中，新加坡的出口品中包含的国内附加值率为42%，中国台湾地区为53%，韩国为63%，泰国约为65%。顺便说一下，根据他们的估计，中国内地为63%，与我们的估算结果很接近，高于新加坡和中国台湾地区，与韩国和泰国相似。这说明，我们现在出口品中的技术含量和附加值在亚洲主要经济体中已不算落后，反映了中国在制造业领域的技术进步和结构升级取得的成绩。另外，报告提到，美国和日本2008年的出口品中的国内附加值率相当接近，大约为85%左右。这说明，相对于发达的工业化经济而言，新兴工业化经济和新兴市场经济的出口附加值率总体而言还相对较低，这是正常的现象。这意味着中国和其他东亚经济体还有待不断提升技术进步和产业升级的能力，特别是提高资本密集和技术复杂行业的附加值率，持续降低加工出口的比重。

从国家层面来看，过去10多年，中国自上而下的科技发展和鼓励自主创新战略的实施也将大力提升中国的技术研发能力，这对于未来20年的技术和产业升级具有重要的意义。从OECD的经验来看，研发投入占GDP要达到1%的水平通常要经历相当长的时期，但越过1%就会加速，这个现象被经济学家称为“科技起飞”。以研发投入占GDP超过1%这个标准来定义，中国已经进入到科技起飞的阶段。现在的研发投入占GDP已经在1.7%，并很快提高到2%。目前中国研发投入的增长率大概为6%，与韩国和新加坡相当，在世界上属于最快的国家了。根据2006年国务院《中长期科技发展规划（2006—2020）》的估计，到2020年，研发投入占GDP从现在的1.7%将达到2.5%，并将进口技术的比重从现在的50%强下降到30%。规划还预测，中国新兴战略性产业的附加值占GDP的比重从现在的3%将会达到15%以上。现在看来，中国在通信领域里的技术升级和自主研发的能力已经获得比较大的发展，前几年中国通信与信息部门制定的一些技术标准已经引起跨国公司的高度关注，甚至抗议，这说明未来的前沿技术的自主研发和创新已指日可待。

所以，考虑到中国在教育、科技和人力资本上的基础优势，只要我们继续坚持开放贸易的政策，积极参与全球垂直分工，消化转移的技术，不断增加我们在自主研发上的投入，我相信我们在技术阶梯上就能够快速上移，产业不断升级，未来站到技术的前沿是很有希望的。

（本文发表于2012年4月16日《文汇报》）

邓小平是对的：理解中国经济发展的新阶段

回想过去20年，那些认为中国经济已经走到十字路口的言论不计其数。依照这些观点，中国经济已经闯过了无数的“十字路口”，而这次又重新来到了新的“十字街头”。如果你认真分析那些关于中国高速增长阶段终结的观点，你会发现他们给出的大多数证据并不充分，不能令人信服。

如果存在着中国模式，那么中国的模式就是不止一个模式。

我今天的演讲选择这一题目是有所考虑的。一是因为在座的傅高义先生写了一本800页的关于邓小平的书《邓小平时代》，所以我想了一下，我今天演讲的题目最好用一个跟邓小平有关的题目。不过，我使用这个题目的更重要的一个原因是，邓小平在1985和1986年至少三次讲过一个重要的发展观。例如，邓小平1985年10月23日会见美国时代公司组织的美国高级企业家代表团时说："一部分地区、一部分人可以先富起来，带动和帮助其他地区、其他的人，逐步达到共同富裕。"1986年8月19日至21日，他在天津听取汇报和进行视察的过程中又说："我的一贯主张是，让一部分人、一部分地区先富起来，大原则是共同富裕。一部分地区发展快一点，带动大部分地区，这是加速发展、达到共同富裕的捷径。"不可否认，过去很长一段时间里，人们怀疑这个观点是否正确，甚至可能暗中批评这个观点，但我认为这个关于中国经济发展战略的观点在今天看来是正确的。我今天的演讲会从一个角度来告诉大家，为什么邓小平在20多年前对中国经济发展模式的观点在今天看起来很可能是对的。

其实我一直以来很少研究发展战略的问题，但是当更多的经济学家关注2008年以来中国经济出现的减速现象时，我发现更多的人开始认定中国经济的高增长时代即将结束了。比如说，有的经济学家认为中国经济原有的发展模式不可能再持续很久。也有经济学家认为，全球经济危机的出现意味着支撑中国经济高速增长的需求条件不复存在。当然，也有经济学家相信，中国很难在全球经济不景气的背景下独善其身，与很多发展中经济一样，将告别过去的繁荣。我的一些美国经济学界的同行也会写邮件给我表达对中国经济未来的担忧。在中国经济学界，悲观的情绪也在弥漫，前面郑永年教授提到的“中等收入陷阱”这个概念就常常挂在中国经济学家的嘴边。

在9月中旬的时候，美国加州大学圣地亚哥校区的经济学家巴里·诺顿教授跟随一个团来复旦大学访问。他在来上海之前的电子邮件里面跟我说，希望我们有机会在复旦讨论一下中国经济未来的话题，并且给出了一个题目叫“中国超速增长时代的终结”（The end of hyper growth in China）。这个题目非常大，也很刺眼。我回答说我们可以就这个话题进行对话。他来了以后，我们在复旦大学中国经济研究中心进行了一场对话，即本书第二篇文章。很多人对我说，我们的这个对话很有意义，而且在对话以后，我也开始对这个问题产生了浓厚的兴趣。这些日子我已经难以摆脱这个话题，就是中国是不是真的面临超速发展阶段的终结？

所谓的超速增长，是指中国在过去20年保持超过10%的增长率这一现象。从数据上看，正如图9-1所显示的，中国的GDP年度增长率好像在2007年之后出现了持续下降的趋势。图9-2给出了季度GDP增长率的数据，从这里看，增长的持续减速发生在2010年之后。这样看起来，说中国经济减速，大概可能有两个情况，第一个情况是说短期出现了一些波动，这个并不可怕，因为这可能是所谓商业周期的变化引起的，是很正常的现象。另一个可能是，我们看到的经济减速是一个长期增长下降的开始，如果这样的话，那就意味着中国从此可能进入低速增长的新阶段，而断言高速增长时代终结就不再是危言耸听了。

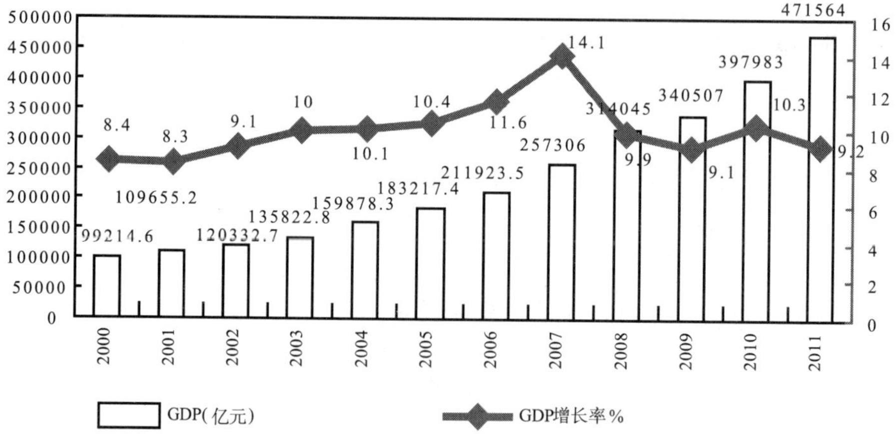

图9-1　中国的年度GDP增长率

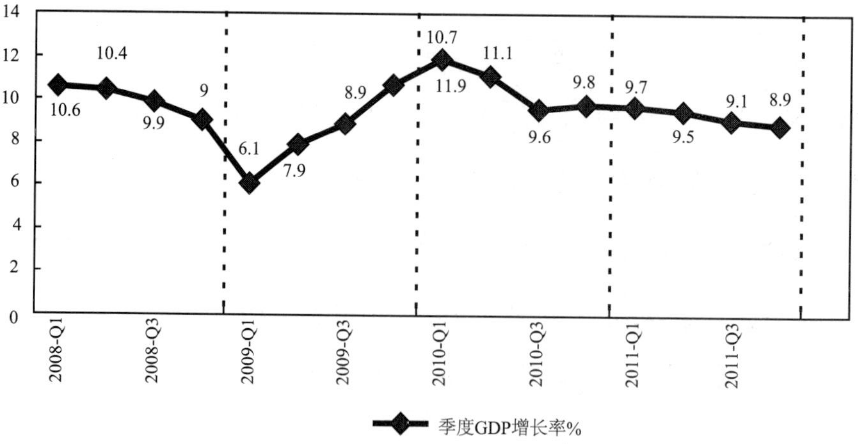

图9-2　中国的季度GDP增长率

包括诺顿教授在内，那些断言中国经济高速增长时代即将结束的经济学家，常常是拿日本和东亚四小龙作为参照的。日本经济按照购买力计算，在20世纪50年代到70年代的增长速度超过了9%，但是在1973年石油危机和美元与黄金脱钩以后，日本经济的增长率一下子掉到4%，而且从此日本再没有回到70年代的增长率水平。到80年代末，日本经济从4%又下滑到了1%—2%，所以日本经济的增长率实际上经历了两次跳水。就高速增长而言，从战后到70年代是日本经济增长的黄金时期，加起来不超过30年，这是非常高速增长的30年。但是，70年代初开始，日本经济增长的动力突然之间熄灭了。这的确令人不解，到现在也是个吸引经济学家的谜团：是什么原因导致日本经济高速增长阶段的突然结束？

韩国、新加坡、中国台湾和香港地区当然比日本起步晚，但是也差不多到80年代后期告别了高速增长的时代。基于这样的经验，诺顿教授大胆地给出了一个推测：历史上，日本、韩国、新加坡以及中国的台湾地区都经历过超速的发展阶段并且都在25—30年内终结了。不仅如此，日本在1970年前后经历了第一次石油危机，而韩国、中国台湾地区则是上世纪90年代受到了亚洲金融危机的影响。也就是说，这些经济体“超速增长”阶段的结束都有比较相似的模式：外部因素导致经济危机，经济危机似乎看起来和高速增长阶段的结束并没有特别的关联，却标志着经济高速增长的终结。

不过我的看法有所不同。我对诺顿教授给出的韩国和中国台湾地区的增长率下降并不感到惊讶。与日本相比，它们的减速更加温和与渐进。即使在1973—1990年间，韩国和中国台湾地区都仍然能保持超过7.5%的增长率。

1990—2010年间，日本经济增长仅有0.63%，而与此同时，中国台湾地区和韩国都以超过4%的速度增长。更重要的是，当我们发现韩国和中国台湾地区的增长出现减速的时候，它们的人均收入水平已经在向日本靠拢了。事实上，按照购买力平价估计，亚洲四小龙的人均GDP水平接近日本的时间就是在1995—2010年间。因此，韩国和中国台湾地区在保持长达25年的高速增长之后出现减速现象，是符合经济学的“收敛”原理的。所以，它们与日本并不具有可比性。

回想过去20年，那些认为中国经济已经走到十字路口的言论不计其数。依照这些观点，中国经济已经闯过了无数的“十字路口”，而这次又重新来到了新的“十字街头”。如果你认真分析那些关于中国高速增长阶段终结的观点，你会发现他们给出的大多数证据并不充分，不能令人信服。

除此之外，我发现，现在很多人，包括外国人，发表对中国经济未来看法的时候，他们习惯于仅把眼光放到中国的东部沿海地区。当最近两年中国经济出现减速的时候，很多经济学家热衷于到广东、长三角等沿海地区去考察，然后就匆忙得出一个结论，认为中国经济下滑得很厉害，甚至依据这个局部的观察来怀疑国家统计局的增长率数据高估了实际的增长率。我认为，在增长或者发展阶段上如果把中国看成是一个整体，是会产生误导和加总谬误的。不可否认，按照同比和环比口径，现在中国经济的增速确实在下滑，特别是2012年以来，出现了逐月的下滑。不仅是工业增加值、新增贷款，而且进出口也出现相似的趋势。但是如果我们把中国放到全球经济中，甚至考虑到当前金砖国家的所谓“失速”现象，也许我们就会看到不同的东西。换句话说，如果我们换个角度去看待经济下滑现象，我们或许就应该问这样一个更重要的问题：为什么2008年以后外部世界的冲击没有让中国的经济增速下降得更多？我认为这个问题可能更重要，因为，即使今年中国经济的增长率大概为8%左右，也还是全球经济增长最快的国家。欧美的经济估计今年只有不超过2%的增长率，而印度、俄罗斯和巴西等金砖国家的表现也令人失望。印度、俄罗斯和巴西、南非当中没有一个国家的增长率会超过5%，而且它们还都经历着严重的通货膨胀。换句话说，同样是大家非常看好的全球经济增长最快的几个金砖经济体，特别是金砖五国，其实只有中国保持了将近8%的增长率。所以，我们真正要问的问题应该是，欧美经济危机发生之后，为什么对以上那些国家的影响那么大，中国却没有变得更糟，或者没有下降得更多。

我觉得，如果我们这样来看问题，就需要把我们的注意力从沿海转移出来。大家知道，过去20年从邓小平南方谈话开始，中国经济的确进入了快速增长的阶段。在这之前的头15年，中国经济大概保持着百分之9点几的增长速度，可是在90年代中期到现在，我们的平均GDP增长率是10.5%，显然是一个超速的增长。至于增长的源泉或者说实现这一增长的基本条件，经济学家比较认同的有这样几个：第一，是90年代我们有非常成功的结构改革，把国有部门压缩到了比较小的规模和有限的部门；第二，我们有了劳动力从内地向沿海的快速流动，导致了经济结构的迅速变化；第三，我们吸引了大量的外商直接投资，迅速地把我们的制造业融入了全球的生产链当中；第四，我们成为了世贸组织的成员；第五，我们也遇上了一个好的外部环境，就是2008年之前的全球经济，特别是美国，保持了非常好的增长势头。这些东西加起来帮助我们去解释过去20年为什么中国经济能够保持这么快的增长速度。

但是，以上这些分析还只是总括型的。一个重要而常常被忽略的事实是，从地理上看，我们这么快的增长速度主要还是发生在东部的沿海地区，沿海地区的快速资本积累和工业化、城市化的进程拉动了整体经济的发展。不妨说，沿海地区成了过去20年中国经济高速增长的火车头。

去年11月4日我应邀在英国诺丁汉大学的年度中国讲座上专门讨论了90年代以后为什么长三角会迅速崛起。我认为这是一个非常重要的现象，因为中国早期的改革开放是在广东和福建地区的，所有的特区也都是在广东和福建。上海和长三角地区的经济一直到邓小平南方谈话之前的一段时间里都不见起色。为什么在1993、1994年之后整个长三角地区像凤凰涅槃般的重生？当上海和长三角地区进入到一个非常快速的发展轨道之后，用了差不多10年的时间就超越了走在长三角之前的广东和福建地区。

广东、上海和长三角率先进行改革开放是一个重要的战略。这跟邓小平先生关于部分地区先行一步的思路有很大关系。邓小平清楚地知道，中国的经济发展在战略上必须改变毛泽东时代的平衡思想，因为毛泽东时代的发展把更多的资源推向内地。邓小平的思想是要通过利用沿海的地理优势（所谓的比较优势）迅速地把中国经济纳入全球生产链当中。这个时候正好是亚洲四小龙需要把它们的低端制造业转移出来的时候，所以广东和整个沿海地区的开放正好提供了一个对接的机会。如果没有这个战略的话，沿海地区是不可能获得如此快速发展和进步的，特别是像长三角地区是不可能在过去20年有这么快速的财富积累的。这个战略今天我们很容易理解，它是符合了所谓的动态比较优势这样一个发展经济学的非常重要的理论的。

对过去20年中国经济发展的战略有了这样的了解之后，我们就可以来回答上面的重要问题了。在我看来，中国经济的减速为什么没有那么多？因为外部冲击对中国经济的影响还主要集中在沿海地区，而内地，也就是我们的中西部地区，其实受到全球危机影响的程度并不大。最近我到了广东，两次去了浙江，两次去了安徽，为什么去这三个地方呢？的确是想感受一下，在我们的沿海，在我们的中部地区，他们经济发展的格局到底发生了什么，有什么样的不同。我到了广东和宁波，见到了政府和企业的朋友，可以说大家非常悲观，因为那里的很多出口企业很困难，欧债危机和美国经济不景气对当地企业的影响非常大，因为外部的危机冲击了当地企业的出口，这些出口加工行业基本上都是中小企业，对他们的冲击实在很大。我们大概有几百万家这样的企业是在做出口。这也是一个非常有趣的现象，因为世界上很少有一个国家存在着那些只做出口而不做内销的企业。最近，很多经济学家来解释这样的现象，试图回答为什么中国会存在着只做出口的企业。正常情况下，一个企业可能处在出口和内销之间的某个比例上。可是中国存在着大量的中小企业，他们不做内销，只做出口。个中道理也不难理解，中国国内的市场整合不够，整个市场的整合速度比较慢，渠道资源多被垄断。中国的很多东西为什么比美国还要贵？很大程度上是因为我们的整个物流的效率不高，大量的费用发生在中间环节。所以很多企业不愿意做内销，因为他没有渠道，而他要进入这个渠道是非常困难的。虽然利润率很低，但做出口相对比较容易，不需要投入大量的中间费用。我认为这个是很大的问题，如果说中国要启动改革的话，其实一个很重要而又被大家忽略的改革就是流通领域的改革。国务院在今年5、6月份的时候出台了一个关于流通体制改革的决定，但是没有引起媒体的足够注意。

在过去的20年，沿海地区迅速地变成了跟世界市场连接的一个加工平台。一个事实是，沿海地区是外商直接投资和出口最为集中的地区。沿海的外商直接投资占了全国的85%以上，出口占了全国的90%。如图9-3所示，江浙沪三个地区的出口占了40%，广东的出口占了30%，渤海湾占了17%左右。在过去20年，这一地区的投资和制造业贸易活动充分发挥了比较优势，为中国经济的超常增长立下了汗马功劳。这也就是说，中国的贸易扩张和制造业扩张其实大部分还是集中在沿海地区，跟内地没有太大的关系。所以在这种情况下，从邓小平先生南方讲话到差不多5年之前，中国经济的基本格局就是这样，中西部地区其实还停留在非常缓慢的工业化和城市化过程当中。在这种情况下，外部的震荡和冲击首当其冲影响的是沿海地区，导致这些地区的出口加工制造业受到了严重的影响。

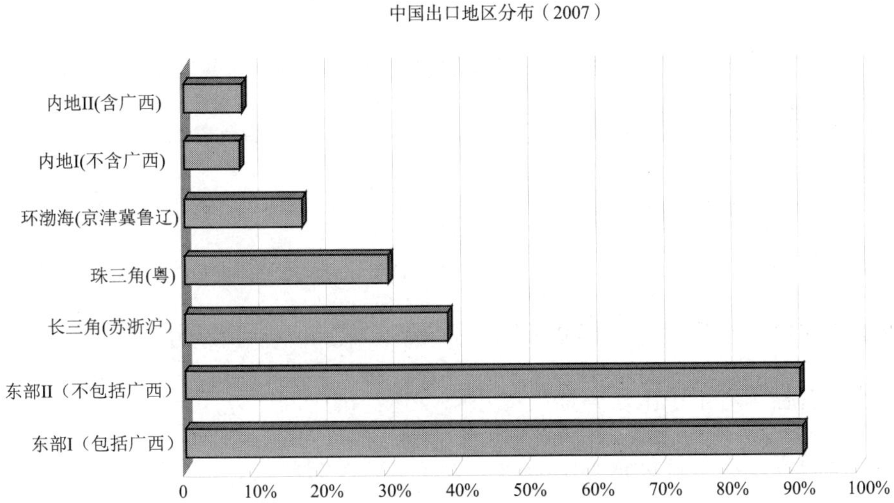

图9–3　中国出口地区分布（2007）

在这种情况下，中国理应像金砖四国一样，经济增长的速度一下子掉到2%—3%，但是没有，我们仍然有7%—8%，怎么解释这个现象？其实很简单，因为中西部地区少受外部冲击的影响，依然保持了高速的增长。实际上大约在2006年之后，中国经济的增长引擎已经开始向中部和西部地区转移了，所以，即使沿海地区受到了欧美经济危机的严重影响，但中国的中西部地区依然保持了高速增长。

我认为，增长引擎从沿海向内地的转移是过去5—6年中国经济发展转型的重要现象，它表明中国的经济进入了新的发展阶段。这个区域发展的模式似乎比东亚地区更吻合Kaname Akamatsu于40年前提出的经济发展的“雁行模式”。过去的5年里，中国沿海地区的制造业资本正在向中西部转移。这是农村的年轻劳动力向东部沿海地区的流动开始放缓的原因，这进一步导致沿海地区的工人工资持续上升。而中西部地区的经济这些年以每年超过10%的速度增长，很大程度上得益于资本的这种跨地区的再分配。确保成功承接来自东部沿海地区的生产性投资和企业的转移，已经成为中西部地区经济发展的重要战略。过去20年间，得益于快速的资本积累和工业化，沿海地区成为了引领中国经济发展的火车头，而今天，中西部地区的生产率正因为资本积累的加快而不断提高，与沿海地区的差距也在缩小。我深信，中国地区内部的“追赶”对于中国从整体上缩小与发达经济之间的差距至关主要。对经济学家而言，这符合Simon Kuznet（1966）假设的模式，也符合邓小平先生设想并希望遵循的不平衡发展的战略模式。

这个转变的发生很大程度上是因为经过过去20年的超高速增长之后，沿海地区迎来了新的成本条件。沿海的超高速增长最终带来了支撑增长条件的快速变化，也就是说，比较优势最终发生了变化。其实如果大家关注我们媒体的报道就会发现，这些年来在沿海地区出现了一系列新的现象，比如企业面临招工难，土地供应日趋紧张，部分劳动密集制造业企业外迁，深圳富士康跳楼事件等。这些现象是制造业成本开始快速上升的结果：汇率升值，工资上升，土地快速升值（地价快速上涨）。这些变化引起沿海地区比较优势的逐步改变。与此同时，中西部地区大概从2005—2006年开始就大量地接收来自于沿海发达地区的产业资本的转移。最近我去了安徽的两个地方，一个是皖北，一个是皖江，大量的来自于沿海地区的企业在那里落户。

而那些留在沿海地区的大多数出口型中小企业必然面临严峻的局面。出口市场萎缩，订单减少，生产成本快速上升。在这种情况下，出口大幅度减速不可避免。如图9-4所示，过去我们每年30%、40%的出口增长率，现在降到10%以下，今年上半年只有5%。

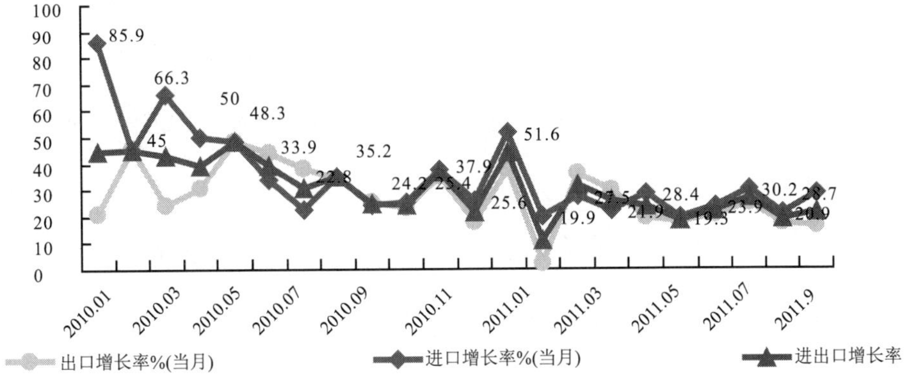

图9-4　进出口总额的月度增长率（2010-2011）

假如这个趋势持续下来会怎么样？我的看法是，如果我们的增长引擎从沿海往内地持续转移下去的话，中国的过度出口的现象会逐步消失。一直以来，中国被认为是一个过度出口的国家，可能从现在到未来10年会不断走向正常的贸易国家。根据经济学的引力模型，大国比小国的贸易占比要低。比如，美国的贸易占GDP的比重从来没有超过20%；日本在被中国赶超以前是世界第二大经济体，可是其贸易占GDP的比重只比美国高一点，但也不超过30%。所以通常来讲，大国比小国的占比要低。中国是一个大国，而且经济总量变得越来越大，这种情况从正常的发展规律来讲，的确应该是贸易占GDP的比重和出口占GDP的比重会逐渐回落，从现在出口占GDP的40%逐步地下调到30%以下。这个下降背后的机制其实就是产业升级的过程，是我们的产业资本从沿海往中西部转移的过程。因为中西部地区就目前到未来的十年中，认为大量的企业依然还是做出口贸易的可能是太夸张了，企业转向内地更多是为了内销，而不完全是为了出口。那些只做出口的企业留在了沿海地区，面临了金融危机的打击，很多企业还转移到了东南亚的一些国家。

有人做过一个研究，把中国的国土面积跟人均GDP控制住以后，发现2008年中国的出口占比比全世界的平均水平高70%，跟英国19世纪中期差不多。可是，中国应该像美国才对，因为是一个大国，内陆有这么大的一个市场，理应更像美国，事实上我们却像早期的英国。这个现象反映的就是沿海发展战略在过去20年中扮演的一个角色，但今天沿海的出口优势在逐步地消失。这个优势的消失过程应该是中国贸易正常化的过程，同时也是中国经济的引擎在逐步往中西部转移的过程。我相信，在未来的5—10年里面，中西部地区在我们的GDP增长里面的份额和贡献会越来越大，越来越支撑我们未来经济增长的速度。

未来中国经济面临着一个非常重要的问题就是，怎样确保我们的增长引擎在往中西部转移的过程当中实现沿海地区的产业升级。现在沿海地区的经济跟亚洲四小龙的距离已经不远，但是怎么样能够缩短跟亚洲四小龙的差距，这是沿海地区面临的一个大问题。由于现在沿海地区的发展进入了一个新的阶段，它需要产业的升级来实现经济的进一步发展，所以在未来10年，沿海地区物质资本的快速积累不再可能。可以想象，未来发达地区的产业形态一定是由人力资本的快速积累来驱动的。发达地区，比如像江苏、上海这样的地方，它的人力资本会变得越来越贵，物质资本变得越来越便宜，所以在国民收入里面，劳动收入的份额会越来越高。我们曾经利用资金流量表计算发现，在2000年的时候，劳动收入占当地GDP的比重份额较高的都是经济比较落后的地区，沿海地区反而是低的。什么道理呢？因为经济落后的地区，工业化程度低，主要的产业是农业，农业使用的劳动比较多，所以劳动的份额就比较高。发达地区的工业化程度高，资本劳动比比较高，所以它的劳动收入占比反而低了。可以预料，从现在到将来的10年，发达的沿海地区随着先进制造业和服务业的升级，人力资本越来越重要，劳动收入在GDP中占的份额会越来越高，这样才能支撑新的产业形态。那些高新科技的产业和高端服务业，包括金融、贸易这样的产业，都是以人力资本的快速积累作为支撑的。

因此，在中国会有一个非常有趣的现象，大量的中西部地区现在还在进行工业化和城市化，那里还有相对便宜的大量劳动力，土地闲置还比较多。而沿海发达地区则面临产业升级、面临技术创新的问题，面临人力资本的快速积累，从而成功转向所谓附加值更高的产业形态，特别是先进制造业和服务业。这是完全不同的发展阶段，正因为如此，所以我们才出现了所谓的重庆模式、广东模式、浙江模式、上海模式。今天这样一个地区差异这么大的发展阶段，多态的发展阶段，我们很难指望自上而下的顶层设计的改革和产业政策可以解决所有的问题。实际上，现在广东提出“腾笼换鸟”、上海提出“创新驱动”等口号，其实反映的都是地方政府在寻找跟自己的发展阶段更匹配的产业形态的努力。中央政府在这种情况下应该鼓励地方大胆试验、自主推进产业升级的做法，而不是用更加集权的办法或者用自上而下地推行产业政策的办法来实现整齐划一的产业升级。现在自上而下推进九大战略性产业的做法恐怕是难以成功的。

最后我想说一句话，中国过去的成功被总结为中国模式，但我一直说，如果存在着中国模式，那么中国的模式就是不止一个模式。

（本文发表于《复旦学报》2013年第1期）

危机、改革与中国的长期增长

在决策的时候达成共识，但是讨论的时候千万不能真有共识。因为一旦言论单一，政府就只能听到一种声音，一旦判断和推算有误，政策的风险就比较大。

确保体制的可改革，30年来一直是中国经济转轨和快速成长的关键。只要中国政府继续保持中立、不受利益集团的过大影响，确保体制从长远看能够保持开放，就能不断去适应外部和内部变化的环境与条件。

近期，一些国际投行及评级机构纷纷唱空中国。3月中旬，摩根大通发布报告建议减持中国股票；之后，高盛、瑞银等多家投行也发表看空A股的言论；4月，国际评级机构惠誉和穆迪也相继下调了中国主权信用评级。这些对中国经济的悲观预判主要依据是中国经济增长放缓、地方债风险增大、银行坏账增加、房地产泡沫和产能过剩等问题。

中国经济学家在中国经济的趋势判断与未来道路的思考上也产生了重大分歧。除了坚持“中国模式”理念者外，改革倡导者也展开了激烈辩论。

在《东方早报·上海经济评论》4月2日刊出的长篇访谈中，韦森同样也表达了对中国未来经济增长以及产能、债务等问题的担忧。在看到这篇访谈之后，韦森好友张军表达了不同的观点。

首先，在中国经济走势方面，张军认为中国经济高增长的潜力还可以持续20年左右，而地方债、房地产泡沫、产能过剩这些问题也并非众多言论所描述得那么严重。其次，中国目前投资回报率的下降与这些投资的公益性有关，但这些投资最终会推动经济增长，届时，投资回报率以及全要素生产率又会回升。最后，在政治体制与经济增长关系方面，张军认为政治体制要服务于经济发展，同时“经济发展决定制度的发展和制度的质量而不是相反”。

当然，张军一直表明，中国经济存在一些结构性问题，需要改革政府公共部门，维持体制的柔性、可改革性，让它可以朝着正确的方向去调整。

两位经济学家都特别强调了企业家精神。韦森在解释中国经济增长的秘密时分析了“中国人经商精神的苏醒和发挥”。张军表示，驱动“锐意进取的企业家精神”，“从而让每个地方政府都保持开放的竞争，致力于保护市场和企业家精神，不断应对各种挑战和危机，这个是中国的领导人面临的最重要的事情”。

4月10日，复旦大学经济学院教授张军在家中接受了《东方早报·上海经济评论》记者3个小时的采访。几句寒暄之后，他将话题转到时下关于中国经济形势的言论单一问题上。如他之前在电话中所不断强调的，他说“要新思维平衡旧思维”。

张军的规矩是：有想法就写，不作命题作文。这次，他有很多话要说。

在这次漫长的访谈中，他解释了他对中国经济增长潜力判断的依据，对当下讨论很多的地方债、房地产泡沫、产能过剩问题提出了看法，并且对于中国未来改革的着力点也给出了系统的见解。

在目前国外金融机构集体唱空中国的情形下，不妨来听听张军的看法，找到另一种视角。正如张军所说，在决策的时候达成共识，但是讨论的时候千万不能真有共识。因为一旦言论单一，政府就只能听到一种声音，一旦判断和推算有误，政策的风险就比较大。

经济增长的潜力和长期因素

■ 推算经济增长的潜力

中国经济至今增长了30年，人均收入与美国的差距才达到日本和四小龙20世纪50、60年代的相对水平。这样推算，中国经济追赶发达经济体的高增长潜力还应该可以持续20年左右。

上海经济评论：你的中国经济增长率的推算方法是怎样的?

张军：按照经济学家应该有的推算方法，首先要从收敛出发。一个落后的经济能够增长多快，不是取决于现在的人均收入有多高，而是取决于它与前沿国家的差距，不是水平，而是距离决定未来的潜在增长率。这是经济学告诉我的。然后，经济学家在对一个经济未来增长前景做出估计时应该要往后看。

所谓往后看，我的意思是说，要拿历史说事。历史经验很重要。比如，根据美元的2005年购买力平价测算，中国的人均GDP约为美国的1/4。然后我们应该回放一下战后的经济发展史，看看那些人均收入与美国相差四分之一的经济体都曾经能保持多快的收敛速度。

为了找到这个答案，有经济学家做了这样的工作。例如，Arvind Subramanian以人均GDP相当于美国的1/4或者30%为准则，从一个跨国的数据库中发现有25个经济体符合这一标准。其中有8个经济体（日本、韩国、葡萄牙、西班牙、希腊和德国，以及中国香港和台湾地区）在20年的跨度里实现了人均GDP快于5.5%的增长水平。如果把人口增长率加上的话，GDP的增长率大约就在7%左右。这就说明，在那些与美国的人均收入差距基本上与中美现在的收入差距大体相当的经济体中，多数经济体保持7%左右的增长率并不是新鲜事。

实际上，中美之间的收入差距与日本20世纪50年代末、“东亚四小龙”60年代末的情况大体相当，而它们后来都有20多年超过7%的增长。中国经济至今增长了30年，人均收入与美国的差距才达到日本和四小龙20世纪50、60年代末的相对水平。这样推算，中国经济追赶发达经济体的高增长潜力还应该可以持续20年左右。我认为，中国经济的奇迹其实不在于可以实现8%、9%的增长，而是在于它持续的时间极有可能是40到50年，这是历史上没有过的超长增长纪录。

上海经济评论：日本经济增长因为偶然外部危机而突然出现下降，中国要如何维持发展增长的潜力？

张军：按照收敛假说，任何一个高增长的经济都终究要进入低速增长。日本在1973年从9%的增长率掉下来，增长率下降了一半还多。很多人都把现在的中国和20世纪70年代的日本作比较，我觉得这两者是不可比的。

第一，刚才我说了，从与美国人均收入的差距来看，中国现在才达到日本50年代末的状况，所以，两者的增长潜力大不同；第二，日本在1973年结束高增长的时候，人均GDP已经达到美国的60%以上。假设没有1973年的外部石油危机和美国对日本的汇率干预，日本的增长也一定会在那个时候开始放慢下来，但不是比较陡地下来。

根据日本经济学家的研究，20世纪60年代开始日本就出现了人口老化的趋势，农村劳动力向城市的转移就逐步放缓了。所以说，劳动成本在1973年之前就开始上升，日本经济的减速也就开始了，石油危机打击了它，加快了它减速的步伐而已。如果没有石油危机和汇率危机，它整个趋势往后平移个5年，还是会下来。

但中国不一样，中国人均GDP只有美国的20%，按照官方汇率计算只有美国的10%，增长潜力足够大。2008年全球危机发生以后，沿海的增长率下降了很多，但内地的增长变化不大。即使沿海停下来不增长，内地可能也还需要20年才能使劳动生产率达到沿海的水平。而这20年，内地消除与沿海的劳动生产率的差距的20年，也足以维持中国经济较快的增长，更何况沿海本身也在转型中继续保持适度的增长。

上海经济评论：美国《外交杂志》上有一篇文章，讲到全球真正实现收敛的国家很少。

张军：我没有注意到这个文章，但我不同意他的说法。这要看他使用了什么样的数据。事实可能正好相反。美国的一位经济学家最近在英国《金融时报》上发表了一篇文章[1]，里面写到，20世纪80年代以来，全球经济体收敛的速度其实加快了。从战后到60年代，全球只有20个经济体平均GDP的增长速度是发达国家的1.5倍，但是80年代以来，约有80个经济体的人均GDP的增长速度3.5倍于发达国家。这说明，低收入国家收敛于高收入国家的速度在加快。

这个现象的原因值得好好研究。起码有一点，包括中国在内的很多国

① 指Arvind Subramanian的《这是全球增长的黄金时期》一文。

家，在宏观经济上保持比较稳定和谨慎的政策至关重要。其实，从每一次外部危机里面我们都在不断地吸取教训，使经济政策更加有效，因为宏观稳定最重要，它确保着增长的环境。

上海经济评论：但非洲一些国家却在原地踏步，没有发展。

张军：全球将近200个经济体，就算80个也是很小一部分，还有很多国家的情况比较糟糕。但上面我提到的这篇文章里也谈到，撒哈拉一带的国家，甚至是在拉美，也有不少的经济体在过去的二三十年里，增长速度也上来了。按照这样的趋势，50年以后，目前最穷的那些国家的平均收入水平可能达到智利今天的水平。这是一个令人鼓舞的现象。

■ 经济增长的长期因素

人口转变或者人口出生率的持续下降就是个长期因素，教育或人力资本的水平不断积累也是，劳动力在城乡和行业之间的流动也是一个长期的因素。

上海经济评论：你不同意韦森所讲的经济增长的长周期问题？

张军：不光我本人，我想今天的经济学家不怎么会接受长周期的假说。长周期只是个陈旧的假说，相信它真的存在的人其实并不多。如果真存在的话，那么经济学家就可以准确预测周期了，经济世界就变简单了，所以我觉得这个概念没有太大的用处。

2008年全球金融危机爆发之后，欧美经济出现了问题，大家说现在进入衰退的长周期了，美国、欧洲短期内不可能恢复，即使恢复了，也是新常态，但由此断定世界进入了衰退的长周期，有什么意义呢？

所以我改一个字，从长周期中拿掉一个字，变成“长期”。经济学家历来认为经济的变化中存在着长期的因素。同样，看中国经济的未来增长前景，我们也要看长期因素的变化。人口转变或者人口出生率的持续下降就是个长期因素，教育或人力资本的水平不断积累也是，劳动力在城乡和行业之间的流动也是一个长期的因素。这些长期因素的变化会逐步改变两个重要的经济增长要素：一个是劳动力的供给速度将慢下来，另一个是储蓄率将降下来，一个国家不可能长期保持高储蓄。20年后，我们的储蓄率很可能下降10个百分点，因为人口在老龄化，随着人均GDP上升，储蓄的倾向会下来。

还有，劳动力从农村向城市的转移速度从长期来讲会越来越慢，很多地方已经没有年轻劳动力可转移了。20年前，劳动力首次向沿海转移的时候，大家可能谁都没想到中国有一天会出现劳动力在沿海地区的短缺。

这些长期因素的变化自然会推动工资水平的上涨。这个现象在5年前就已经出现了。短期来看，工资上涨对经济增长会是一个负面的影响，我们现在的经济减速与这个有关系。所以，这几年的增长减速不是什么长周期可以解释的。长期看来，工资上升反映的是人力资本水平的提高，劳动力受教育的程度和技能在提高，它应该有助于产业结构的升级转型，因为当工资水平越来越高时，企业是要用资本替代劳动的，这样的话，那些劳动密集的制造业部门就会不断去提高它们的资本密集程度，只有这样，产业结构才能逐步升级起来。

上海经济评论：增长潜力和资本边际收益率也有关系，现在有些讨论讲到投资回报率下降。

张军：在经济增长比较快的阶段，投资回报率看上去有下降的趋势。当然以西方主流经济学家的观点来看，这种增长模式是不可持续的。

当年克鲁格曼批评东亚四小龙的发展模式时就断言，因为投资增长太快了，边际回报率会下降。但对我们生活在发展中国家的经济学家而言，我们知道实际情况可能没那么简单。超常增长的经济大都有这个资本深化的特点，因为为了经济的快速增长，政府要阶段性地进行基建投资，而基建投资的回报率往往都不高。特别是基础设施的投资，本来就有正外部性，它可以提高那些生产性投资的回报。比如说物流企业，因为有很好的基础设施，物流成本降低了，效率提高了，周转时间短了。所以，等到社会对基础设施的需求增大之后，宏观的投资回报率就会上升。这不是因为基础设施的投资回报率上升了，而是私人部门的投资回报率上升了，前者改善了经济运行的效率。中国也不例外，这是所有高速增长经济体的共性。学术一点的话，可以说这些经济的投资回报率也好，全要素生产率也好，它们的变化都是波动的，不是线性的，它们与投资增长之间存在着“二次关系”。

我这里特别想强调投资的阶段性，因为快速增长的经济体和发达国家的经济有一个很大的差别，那就是发达国家的投资增长比较稳定，而在所有快速增长的新兴工业化国家，投资增长波动都很大。发达国家的投资每年有2%、3%的增长，而赶超经济呢，在一段时间里，比如5年、10年，投资增长率都是20%，甚至30%，经济增长快的时候投资增长要更快，资本的折旧也较快。

比如说高速公路和轨道交通线路。你看我们在一段时间里的每一年的投资增长速度可能都很快，这些投资其实都是政府主导和私人部门共同参与的投资，回报率不是很高，因为它有公益性。经济学家核算出来的全要素生产率增长也不是很好，但是它最终推动了经济增长。由于经济增长了，到了下一个阶段，整个投资的回报率，包括全要素生产率就又上去了。20世纪90年代中后期，当时经济学家都认为中国的经济结束了高速增长阶段，结果到了2001、2002年以后，我们又进入了高速增长，投资回报率又恢复上去了。

这就是回报率的波动。发达国家就不会有这样的情况。因为有波动，我们这些经济的投资回报率要长期来看才有意义。长期平均而言，我们的投资回报率还是很高的，不然就不能解释为什么我们有那么多的外商直接投资进来，为什么我们保持了长期的高增长。

■ 4万亿和产能过剩的问题

4万亿刺激政策可能是一个超调，有过度的反应。如果没有4万亿这个政策，我觉得我们经济的情况反而会更平稳一些。

如果我们没有办法制止产能在一段时期的相对过剩现象的出现，那么我们最好应该允许产能相对过剩的存在，也应该允许市场去调节产能。

上海经济评论：现在来回顾4万亿政策的话，你如何评价？

张军：4万亿导致了国内宏观经济的剧烈波动。2008年推出4万亿之前，大概从2004、2005年开始，成本条件已经在发生变化，招工难现象已经在广东出现。当然这种变化不可能是暴风骤雨似的，它是缓慢的，这些都是长期因素。

出生率一直在下降，劳动力增长速度开始放缓，城乡之间和行业之间的劳动力流动速度也可能在下降，农村人口向沿海地区转移的流量也不可能像过去那么大，毕竟持续20年了，也会慢慢地下降。这些因素其实在那时已经发生变化，但因为是长期因素，它变化比较慢，企业总会有一个适应的过程。但是因为外部的危机来了以后，中央政府迅速推出了个4万亿刺激方案，导致货币严重超发。

4万亿中只有1.2万亿是财政支出，其余的支出都是通过融资平台，撬动的整个信贷量应该是20万亿。中国的M2占GDP的比重，也就是在2008年以后从150%突然上升到180%，然后再从180%到现在接近200%。现在差不多有100万亿的货币量，GDP大概50万亿，差不多是GDP的两倍。这样的天量货币肯定扰乱宏观经济，导致全面的通货膨胀和资产价格的暴升。结果在实施了刺激政策一年半之后，政府不得不急刹车，宏观经济从过热迅速转入过冷。

所有这一切是短期发生的。本来货币量和经济发展应该是一个长期的匹配过程，经济每年有8%左右的增长，货币量有13%左右的增长就差不多了，经验上是这样子。但突然之间2008年以后，货币量每年增加了20%到30%，我记得有一年是40%多。

结果是什么？本来你的生产率在缓慢地上升，但购买力就突然上去了，最后这些购买力只能冲高价格。成本有价格，资产也有价格，实际上，2008年11月国务院明确地说要重新把房地产当做支柱产业来发展，鼓励大家买房，为了扩大内需。结果房地产自然成为了2008年之后3年吸纳超量货币的行业。由于房地产行业的扩张创造了需求，拉动了十几个行业的扩张，需求过旺，物价上升，结果经济增速不可维持。

今天的经济持续减速在很大程度上是对房地产扩张过快的回调，结果那时候产能迅速扩张的行业今天变成了过剩的行业，包括钢铁。所以，我认为，2008年11月推出的4万亿刺激政策是值得反思的，它可能是一个超调，有过度的反应。如果没有4万亿这个政策，我们经济的情况反而会更平稳一些。过度依赖货币扩张是一个值得吸取的教训。1998年中国遭遇亚洲金融危机时我们也实行过扩内需的政策，但货币政策相对稳健，甚至有些偏紧，信贷增长不快，结果经济反而比较平稳地过来了，没有大起大落。

上海经济评论：就是说成本因素跑在了生产率前面。

张军：理论上说，成本总是跟生产率有对应的关系，因为成本从另外角度讲就是收入，那么生产率增长多少，成本也增长多少。如果由于货币超发导致成本增长超前太多，跑在劳动生产率之前，对企业而言就是危机。我们现在经济减速的微观机制就在这里。

所以，如果没有4万亿的刺激政策出台，没有超量的信贷出来，在宏观基本稳定的大背景下，中国的企业特别是沿海地区的企业，本来会有足够的时间来调整。因为在2005年前后，汇率已经变了，再加上劳动力市场的变化，工资已经开始缓慢增长，企业方面已经面临条件的改变，调整和转型的大幕已经拉开，但2008年年底的4万亿政策像洪水突然泛滥，有的企业被冲泡了，有的死了，等到洪水被迫退下，剩下的都已经奄奄一息。

为什么我认为4万亿是个过头的应急政策？要知道，对中国而言，美国金融危机的影响主要可能在出口方面。而中国的出口集中在沿海地区，因为沿海地区的加工出口企业占比比较高。我们90%多的出口其实集中在长三角加广东。其中广东一个省的出口占将近30%，长三角占40%，再加上山东、渤海湾这边，超过90%其实都在沿海地区。这就是说，2008年的危机对沿海的影响可能大一些，但整体而言，中国的经济不会有太大的问题。本来，2007年政府已经开始出台政策将过热的经济降温了，没有想到，2008年年底突然来了个反向调整，去火上浇油。

货币超发是回不去的，就是你现在100万亿的货币在那里就在那里，你每年还要增加。换句话说，货币的量和你生产力之间的差距可能会需要相当的时间来消化。中国肯定还需要一段时间来适应这个“新常态”，我估计，对企业特别是东部企业，没有别的办法，要去库存，去杠杆，要修复资产负债表，最终还要去提高生产率，这样才能逐步去适应。

所以经济减速是必然的，2010年严厉紧缩之后，这几年企业和政府的投资意愿确实下降了，经济进入了新常态，成本下不来，内需要扩大，这些都需要时间来换取。一旦爬上了这个坡，过了这个坎，后面有可能会加快产业结构升级的步伐。所以，中长期来看，还有很大希望。

上海经济评论：你觉得存在产能过剩的问题么？

张军：经济学家对产能过剩这个概念有不同的看法。一些经济学家是否认它的，除非你指的是计划经济或者经济活动受到了政府的干预，否则长期而言不可能存在产能过剩，市场会调节和出清价格。我们现在看到的产能过剩，多数还是短期现象。

今天有不少行业出现库存的增加，那是因为这几年政府控制了宏观经济，特别是房地产的发展。钢行业是最典型的，为什么前十年钢的产能有那么快的增加，因为2007年之前，经济持续高涨，政府没有很好地进行微调，以至于在2007年才开始急刹车。现在整个钢的市场不好，因为房地产形势不好，基本建设放慢了。但是，市场会有它自己的调整，可能要2至3年的时间，逐步就会把现在看起来过剩的产能消化掉。

但也有经济学家注意到，产能过剩的现象可能是很多高增长的新兴市场经济的常态。也就是说，在那些扩张较快的新兴行业里都会保持一个产能相对过剩的状态。从日本和东亚四小龙来看，几乎都这样。无论是钢铁还是其他发展过程中需要的原材料中间品的行业，总体上都会保持产能的相对过剩，甚至包括基础设施也会有一定程度的超前。其实，只有在产能保持相对过剩的条件下，价格才会较快地下降，生产者的利润也才会回归到正常的空间。

无论哪种情况下，我都不太认同发改委等有关部委的做法，每年总是去衡量哪些产业的产能是过剩的，我认为这都是静态的眼光，是用计划经济的眼光去看待动态的问题。然后用行政办法去调节，向下压指标，具体到哪个地方、哪些行业，每年需要关掉多少产能。现在各地就是这么干的。其实这是没有必要的。如果我们没有办法制止产能在一段时期的相对过剩现象的出现，那么我们最好应该允许产能相对过剩的存在，也应该允许市场去调节产能。如果这些产能是持续过剩的，那么下一轮的投资就会减少，逐步调整到供求平衡的状态。

■ 地方债危险不危险

如果从未来金融发展的前景来看，中国地方政府的资产负债表总体上没有西方人理解的那么糟糕。现在需要解决的问题是，怎么尽快通过放松金融管制和政府融资体制的改革来提高地方政府拥有的巨大资产的流动性。

上海经济评论：会不会比较担心产能过剩背后的债务问题？

张军：不是特别担心，因为今天的金融比过去发达了。其实，我们产能过剩最严重的时候是20世纪80年代。那个时候，最严重的现象就是所谓的重复建设。很多东西，比如说电冰箱，所有的县都会引进生产线，相对于当时的购买能力，短期里会迅速形成相对过剩的生产能力。但也因为这样，冰箱的价格才能快速降下来。

我记得1997年前后，国家统计局公布过一次通过工业普查获得的数据，在两位数行业中，除了能源类的行业尚有产能不足以外，大概有一半以上的行业出现不同程度的产能过剩。高的甚至有70%的产能没有达到充分利用。

那时，我们的市场经济和金融都不发达，在产能形成过程中，各级政府支出比例特别大，而且财政支出基本上都通过银行透支着，产能过剩的后果往往就转成银行坏账的积累了。

那个最严重的时候都度过了，现在金融更发达，经济更市场化了，现在企业的融资也多样化了。过去20年来，平均而言，固定资产投资中银行贷款的部分其实只有百分之十几。现在企业的投资资金主要来源是市场化的融资，是多种多样的。杠杆率特别高的行业毕竟是少数。更重要的是，今天与过去不同，企业资产，甚至包括政府资产的流动性也大大增强了，因此，产能过剩的风险就大大降低了。没必要太担心产能局部的过剩导致的债务问题。

最近西方投行又开始唱空中国经济，理由还是大家讲的地方债风险，2008年后，地方融资平台形成的债务有大概3万亿，在2013年要到期，这个数字超出了地方的财政收入。在西方国家，这的确是个严峻的问题。而在中国，这需要太大的担心吗？我们需要换个角度去看，毕竟这是内债，即使做最坏的打算，地方政府准备展期偿还债务，所谓用时间换空间，那也是可行的，并且是最可能的方案。如果从未来金融发展的前景来看，中国地方政府的资产负债表总体上没有西方人理解的那么糟糕。现在需要解决的问题是，怎么尽快通过放松金融管制和政府融资体制的改革来提高地方政府拥有的巨大资产的流动性。中央和地方两级政府的真实资产负债表是一个很值得研究的题目。

■ 房地产是否存在泡沫？

如果考虑到人均收入每年接近10%的增长，房价的上涨就更多地反映的是我们未来收入的增长前景。现在政府对房价的调控，就像香港政府限制外地人买房和购买奶粉一样，那是politics（政治），不是经济学。

上海经济评论：现在谈资产泡沫的人很多。股票没怎么涨，只有房地产涨。

张军：泡沫与过剩一样，经济学家的看法历来有分歧。我觉得泡沫有没有不重要，重要的是泡沫能不能被不断地消化和吸收。当然了，泡沫能不断被吸收和消化，就不是什么泡沫了。有人说只有破了才叫泡沫，没有破就不算泡沫，也就是这个意思。

所以，泡沫这个词让我很纠结，到底该怎么定义它呢？多想一下就发现，其实如果真有泡沫，金融从某种意义上讲不就是在制造泡沫吗？为什么要发展金融呢？因为金融帮助了经济发展，也帮助了个人财富的增长，而且两者之间是有联系的。那为什么金融有这个本事？因为有了金融，我们才能在今天与明天之间游走，明天的事拿到今天来做或者反过来今天的事放到明天去做。

股市、房市都一样，为我们提供了这样的机会。为什么我今天把东西卖给你才能挣钱，因为你愿意今天买下，而你为什么今天要买呢，因为你觉得你可以明天卖给下一家还能挣钱。所以发展金融，其实就是在利用未来的需求创造今天的财富。而只要它后面有真实的需求，就能消化前面的价格，这就不是泡沫，而是财富的积累和资产的增长。关键是，后面的和未来的需求来自何处呢？为什么未来的需求会消化今天的价格？当然是因为人们未来的收入期望会增加，从而使得未来人们面临的收入—价格比与今天可能没有什么太大的变化。所以，只要经济在增长，收入在不断提高，未来形成的需求就是真实的，就可以支撑今天的价格上涨。

以这个眼光看中国今天的楼市，我们就会发现，如果考虑到人均收入每年接近10%的增长，房价的上涨就更多地反映的是我们未来收入的增长前景。实际上，总体而言，房价和经济发展水平是高度正相关的。同样是省会城市，西北和东南地区的房价差别巨大，这主要反映了它的人均GDP的差异。房价上涨还受其他因素，包括地理和生活质量等因素的影响。比如，尽管城市规模和收入水平不同，但杭州与上海的房价就相差无几。

所以在中国谈房价，最好别太笼统，要细分市场来谈才有意思。现在政府对房价的调控，就像香港政府限制外地人买房和购买奶粉一样，那是politics（政治），不是经济学。经济学家可以理解，但能说的很少了。

上海经济评论：浙江很多县级城市房价也很高。

张军：我们不排除有些局部城市涨势过高，只要有炒家去炒它，它就会高起来。大家都说房价太高了，要跌，这是针对个别地方来说，就全国总体情况而言，这个预言不成立，不符合我们对中国经济发展趋势的预测。当然，即使在一些局部的地方和城市，我们在政策上有办法可以让房价涨得更慢。香港地区也采取了措施。但是与香港不同，我想中国内地的一些大城市，现在的政策应该要更多考虑如何增加供给而不是过多限制需求才行。比方说，沿海大城市的土地建设指标需要放宽，政府在土地一级市场上面的管制要有严有松，不能一刀切，要有反思和改革的考虑。

上海经济评论：管制的严格是不是可以增加土地的收入？

张军：大家都这么解读。但我们也要换个角度去想问题，当下的各级政府要进行城市建设，更新基础设施，要创造良好的投资环境来吸引投资和创造就业机会，这些都需要钱。在中国的条件下，地方政府逐步建立起来了政府基金收入。这是政府的预算性收入之外的收入，其中包括来自土地出让的收入。出让的土地一部分用于商业性开发，一部分用于公益性项目，还有一部分用于招商引资。

后两部分土地基本都是零地价，而且还得花很多钱去做这些土地的“七通一平”，将生地变成熟地。这些钱哪里来？所以一部分土地需要用“招拍挂”的方法来解决融资的问题。那是不是会因为这个而导致土地价格太高呢？这个逻辑需要推敲。

很多学者的实证研究证明，是房价在先，土地价格在后，因为开发商对未来房价的预期决定了今天对土地的出价。起码地价与房价的关系也应该是双向的，而不是单向的因果关系。房价的问题我们前面谈过了。现在大家需要对政府土地收入有一些客观的认识，有很多学者，包括搞社会学的曹锦清教授也都认为，没有“土地财政”我们的基础设施不可能是现在这个水平。

■ 另个角度解读城镇化

城镇化这个概念的提出其实可能反映了中央高层对这个问题的态度，希望借助于城镇化这个口号来加快改革和解决一系列过去没有解决好的问题。

上海经济评论：你怎么看现在的城镇化政策？

张军：我们过去一直说，30年来，我们的工业化快于城市化，就是说，进城就业的非户籍人口的增长速度快于户籍人口的增长。城镇化这个概念的提出其实可能反映了中央高层对这个问题的态度，希望借助于城镇化这个口号来加快改革和解决一系列过去没有解决好的问题，比方说城乡分割的问题、户籍制度的问题、流动人口的养老和社会保障的问题等。从这个角度去理解它，城镇化可以加快很多改革的步伐，这也是可以的，毕竟它涉及人的流动问题。

但是，城镇化又不仅仅是人的问题，它还是一个让人容易误解的概念，因为城镇化不是一个孤立的现象。现在国内的经济学家很多都在解读城镇化这个概念，担心城镇化会不会变成造城运动，进一步推高中国的投资率，恶化投资回报率。

过去20年从来没有把城镇化作为一个战略，但实际上还是推进了它。现在把城镇化提出来，大家就会向其他方向去解读，首先就会有人问，你没有就业，不创造就业机会，这些人会到城里来吗？所以我想我们最好不提城镇化，因为它更像是工业化和经济发展的一个结果。

也有支持城镇化的言论，我猜测政府也希望城镇化能够成为在出口疲软之后创造出巨大内需的手段，来支撑中国经济的增长。之所以对城镇化做这样的理解，是因为我们过去总是习惯于把经济增长的推动力简化为某个给予的力量。比如，现在流行的说法就是，我们过去20年的高速增长主要靠了外部需求，即出口。现在出口不行了，需要转向内需的扩大，而城镇化正好可以帮助推动消费和投资的扩张。

这个逻辑看上去很真，实际上经不起推敲。以需求而论，出口与进口的影响正好相反，所以，代表外部需求的其实是出口与进口之差，也就是贸易余额，由于这20年我们的贸易余额只占GDP的4%左右，所以外部需求的力量没有我们想象的那么大。贸易很重要，但主要不是在创造需求方面，而是在推动技术进步方面。所以，如果说贸易对推动中国的技术进步有正面影响的话，经济学家发现，反而是进口更重要些，因为进口的资本品和中间品比中国出口消费品更有利于改善我们的技术水平。

因此，城镇化从来不是贸易的替代品。贸易有利于工业化的进程，从而也必然有利于推动城市化的进程，而不是相反。

改革的动力与阻力

■ 改革需要中央高层的决心

很多人说，过去10年无改革。因为今天要进行改革的很多领域都是全局性的，地方没有太多的动力，需要中央下决心才行。

上海经济评论：当下谈改革很多，你觉得现在改革的动力有吗？

张军：现在多数经济学家希望的那些改革是要自上而下推出，通过所谓顶层设计来实施。顶层设计的改革难度不可小觑，那些需要顶层设计的改革往往都是涉及全局的改革，外部性很大，一旦成功，收益巨大，当然风险也很大。更重要的是，这些改革的阻力很大，需要中央有改革的决心。

20世纪80年代，成功的改革绝大多数都是自下而上的，一个地区、一个省、一个市、一个县，有改变的动力，甚至在中央支持之前都先行先试了，如广东、浙江。也有中央支持后的改革，如上海。为什么自下而上的改革会成功，因为它解决了一个改革动力的问题。你不需要去推它，它自己就要改变，希望改成更好的机制。

你看80年代后期，包括乡镇企业和中小型国有企业亏得一塌糊涂，地方政府要补贴，财政上是个很大的负担，所以你不需要顶层设计针对这些乡镇企业和国有企业的改革方案，很多地方都开始想办法，像把企业私有化、卖出去或者是职工买断等，总之，地方会想尽各种办法来甩包袱。这种动力成就了那时的改革。

但是，一些基础性的体制改革并不能这么做，因为那些改革的外部性强，一个地方、一个部门不可能，而且也不会有动力去推动那样的改革。在这种情况下，改革就需要自上而下，也就是要进行顶层设计。

最典型的例子可能就是1994年的分税制改革。从地方来说，多数省份对于放弃财政承包制没有动力，因为承包制的后果具有很强的外部性，那就是宏观不稳定，但这是大家的事情，不是自己的，所以地方就没有动力去改革财政包干的体制。就是因为宏观不稳定而且中央缺乏调控能力，所以只有中央政府有动力去改革这个财政包干的体制，地方政府是非常不欢迎的，像沿海发达地区，特别是广东，根本不愿意与中央分税。

很多人说，过去10年无改革。因为今天要进行改革的很多领域都是全局性的，地方没有太大的动力，需要中央下决心才行。如果中央，特别是最高领导层没有改革的决心，自然就难以有体制性的改革行动。

过去10年，我们看到，中央政府的各部委权力很大，审批加强，根本不可能有改革的动力，相反成为改革的阻力。在这种情况下，中央最高层的改革决心就变成改革能否推行的关键。实际上，过去的5—6年，中国在收入分配和社会保障方面的改革，包括基本养老和医疗改革，颇有成就，就是因为中央高层的决心。而今天经济学家一直呼吁的金融改革、财政改革以及公共部门的改革，如果没有中央最高层的决心，就很难启动了。

回想20世纪90年代的那些重要改革，中央为什么会有很大的决心？一个说法是，因为邓小平还在。那时候朱镕基还是副总理，他力推分税制，但下面的阻力很大，他带领60人的队伍与地方进行谈判，希望大家支持分税制。这对中央来讲是有利的改革，事实上对那以后的经济发展也非常重要。邓小平健在固然是一个重要的因素，但也不是唯一的。更重要的是，中央高层下了决心。在90年代初那个时候的经济状况非常不好，中央财力弱小，通货膨胀严重，宏观经济不稳定，中央高层也很容易下决心。过去10年的情况完全不同了，经济快速增长，中央的财力雄厚，权力集中，宏观上也很稳健，改革的迫切性没有了。

2008年全球危机之后，我们的经济情况受外部的冲击，更是受国内过度扩张的货币政策的冲击，宏观经济出现了不稳定，增长率持续下降，经济中存在的一些结构性和体制性的矛盾和问题凸显出来。于是，经济学家要求改革的呼声高了。而且，在经济出现问题的情况下，往往也是进行改革的最好时机，因为这比较容易让中央高层下决心。看起来，新一届的中央高层是显示了改革的决心的。

上海经济评论：你觉得言论单一存在很大的风险。

张军：对。这涉及改革的技术性问题。解决了改革的动力，就需要考虑改革的方案和技术路线。在这方面，经济学家发挥着重要的作用。而在改革方案的设计和技术路线上，需要有更广泛的讨论。

在20世纪80年代和90年代的改革中，经济学家以及社会各界对改革方案的讨论相当充分，不能只有一家之言。事实上，经济问题太复杂，经济学家也只是“盲人摸象”，每个人只是从很小的局部观察来推断整体，依据的是某些理论的逻辑，所以，不可能说得很准。这样一来，言论一致反而就有很大问题了。

我们说要达成共识，是说在决策的时候达成共识，但是讨论的时候千万不能真有共识。因为一旦言论单一，政府就只能听到一种声音，一旦判断和推算有误，政策的风险就比较大。

你查看改革30年的决策过程的资料就会发现，几乎每一个阶段——20世纪80年代分两段，1985年以后那一段，然后90年代邓小平南方谈话，到朱镕基后来的改革，经济学家之间针对同一个问题都是争得一塌糊涂。这就是所谓的“墨菲定理”：对政策影响力最大的观点往往也是经济学家最难达成一致的观点。

上海经济评论：对，包括国企改革也是。

张军：是啊。在不同的声音下，最终决策一定是妥协的结果。你看几十年来经济学家对国有企业和管理体制改革问题讨论得多么深入，包括电力和铁路体制改革，可是，政府并不能很快拿主意。

大家都觉得为什么讨论当年不能出台政策呢？可能权衡下来很多事情还做不了，因为现在剩余的那些大国企很多都在承担着社会责任，如果没有很好的方案，一旦失去政府的控制，情况会更糟糕。所以，肯定需要寻找和等待更好的机会和方案，经济学家只呼吁私有化是没有用的，政府需要有更多权衡周全的方案才能行动。

我前不久参加在上海举行的中美经济学家闭门会，对方是在华盛顿的彼得森国际经济研究所。他们当中有多位经济学家一直追问中国经济学家一个问题，你们的利率市场化改革讨论了20年了，为什么今天还不放开利率管制呢？吴晓灵女士给出了一个我认为相当坦诚的答案，她说，利率至今没有完全放开，主要是因为政府担心放开后，那些中小银行会在存款利率上过度冒险，效果难以如愿。

其实，政府的改革和政策的出台这个事情比较复杂，因为政府不仅需要听取政策建议，更需要对新政策的出台对社会和经济的影响有更全面的评估。就像20世纪80年代要决定用分税制取代财政包干制的时候，下面反对的力量多么强大，政府心里没有底，尽管试点了多年，但是权衡来权衡去，还是决定不搞，继续搞财产承包制。

但是到了1993年，情况发生了变化，分税制对经济的正面影响可以更容易地被评估出来，所以朱镕基下了很大决心一定要推，因为那个时候中央财政占比已经滑到20%的程度了，严重威胁到了宏观经济的稳定，这样的话，新政策实施的正面效果就大幅度提高了，决策也就比较容易。

包括20世纪80年代中期那个曾经被认为设计得当的价格税收财政等联动改革方案，也就是我们今天讲的最小一揽子改革，为什么会被当时的领导人抛弃？因为当时的高层看不到这个改革的正面效果是否会大过负面，觉得风险还是太大，不敢贸然行事。

所以政策是一回事，经济学家的观点是另一回事。两者的逻辑不同。现在又到了一个阶段，经济学家都在谈改革的必要性和重要性，我认为并不错，但问题是，当几乎所有的经济学家基本上是一个口吻在主张顶层设计改革的时候，政府就必然会基于风险权衡来进行某些妥协，寻找风险最小的改革方案，我的看法是，顶层设计改革必须有足够的风险评估，其方案才可以实施。

实际上，过去我们那些执行效果好的改革，总是那些先允许局部地区进行改革试验的改革方案，为什么呢？因为这样中央政府才能对其风险有一个基本的评估。所以，即使有些改革必须自上而下，也需要考虑有什么办法来估计可能的风险。

危机与可改革性

■ 关键是确保体制的柔性

只要中国政府继续保持中立，不受利益集团的过大影响，确保体制从长远看能够保持开放，就能不断去适应外部和内部变化的环境与条件。

上海经济评论：但是如韦森所说，不改变它肯定会有大萧条来，然后到那个时候再改革，现在是不是还没有到这个时机？

张军：我并不觉得我们的经济已经到了大危机、大萧条的前夜。从全球看，我们的经济表现仍旧是最好的。但说到危机，我喜欢正面去看它。过去30年，我们不断经历危机，各种各样的外部危机。危机有大有小，1998年我们经历了亚洲金融风暴，是比较大的危机，10年后我们又面临全球性的金融和债务危机，是更大的危机。

对经济而言，外部的危机往往会改变很多经济赖以增长的条件。最主要的条件有两个，一个是需求条件，一个是成本条件。30年来，我们的制造业可以说不断面临外部的危机。人家要烧温州的鞋子，人家要限制我们的出口，要起诉我们侵犯知识产权，要我们生产更环保的产品，等等。

结果怎么样呢？这些危机最终都变成了正能量，为我们的制造业提供了更多发展和升级的机会，这是因为大量的制造业，包括那些加工出口企业，都需要应对这些挑战，要改变，要适应，不然就被淘汰了。所以，危机从某种意义上讲是正能量。因为危机其实不仅迫使政府改变，更重要的是改变企业，因为企业要生存。

今天沿海地区，特别是那些出口加工企业，正在面临严峻的挑战，生产成本随着工资上涨和汇率升值越来越高，外部需求也不稳定，虽然有部分企业跑路了，但是绝大多数企业其实是希望外部市场和内部成本条件发生变化之后，去适应这样一个改变的条件。所以，现在我们看到有很多企业往现在所谓的中三角转移，像湖南、湖北、安徽等现在成为制造业增长最快的地区。产业转移也是一种调整。还有很多企业希望用资本去替代劳动来维持竞争力，这就是升级。我相信，5年以后，我们沿海地区制造业升级的格局会非常明显。现在已经开始。

在过去的一二十年里，国内外不少经济学家在不同国家研究危机对经济发展过程当中的转型和升级的影响，有国家层面的，也有企业层面的研究，发现危机的影响多数情况下是正面的，当然也有例外和错失机遇的例子。这真就印证了“危”里面有“机”了。很多国家在经历了危机之后，它的企业和政府都在调整和适应，政策和体制上也会有很大的改变，会去适用新的条件。

韩国就是一个很典型“机自危出”的例子。1997年金融危机之后，东南亚很多国家和地区都遭遇了严重的打击，韩国也不例外。但韩国政府做了大刀阔斧的结构改革，包括金融改革，放松了对经济的管制，也承受了银行和大财阀破产倒闭的风险。但是韩国通过改革做出了很好的调整，从危机里面走出来了。很多企业，比如三星被推向了更高的技术前沿。

上海经济评论：那日本是不是就是另外一个例子了？

张军：对的。相对而言，日本没有很好地应对危机。日本经济创造了战后25年的经济奇迹，而1973年的外部石油危机和汇率危机却让日本经济一蹶不振。1973年到1990年，日本经济的增长率下降了一半多，而1990年到今天，日本失去了再增长的动力。

我认为，这是日本的体制问题。因其体制不够灵活，无法适应以全球竞争加剧为特点的经济发展新阶段而进入超低速增长的阶段，而且没能改变它。如果拒绝改革，没有哪种“最优”经济体制可以保证经济长期发展。相比之下，1998年亚洲金融危机后没过几年，韩国经济增长势头能保持强劲，那是因为改革。西方经济学家经常批评韩国的经济体制，它的威权政府和大企业，因为它看上去的确不够标准，但在关键的时候这种体制却又显得有可改革性。相对来说，日本这个体制反而不可改革。

印度的改革也很难，它的体制在政治和经济上看上去都比较接近英美，但当遇到外部震荡的时候，它调整的能力却比较差。由于调整迟钝，在2008年全球危机之后，它的增长率比中国要低4—5个百分点。

上海经济评论：体制的可改革性是不是和强中央有关系？

张军：为何一种体制能够改革而另一种则不能？经济学家的研究表明，既得利益和强大的游说势力会扭曲经济政策，致使政府错过千载难逢的发展机会。改革体制需要政府权力和财力压倒一切利益集团，才能坚持长期的目标政策，并确保改革成功。

在一定阶段上，政府不受利益集团过多干扰，就可以确保体系是可改革的。也不见得一定是特别强的政府，但是它的权威一定要大过利益集团，不受利益集团的左右，保持中性。

比如俄罗斯、墨西哥这样的地方，看上去也许政府也很强大，其实很弱，因为它的利益集团很强大。比方说，它们的社会财富主要分布在少数利益集团手里，像俄罗斯八大寡头，他们的势力就很强大，有足够的能力来影响政府。这样政府就比较容易被俘获，俘获的政府很难保持中立的，政策当然会受到利益集团影响。

东亚，包括韩国、新加坡，很巧的是它们都是威权政府，政府一度都比较强势，但我觉得这个还不是重要的，重要的是它们能够相对来说保持中立，免受利益集团的干扰。这就需要长期防止利益集团的过度扩张。

任何国家在任何发展阶段上面，都会有相应的利益集团出现，关键在于怎么样控制利益集团的膨胀。如果像俄罗斯，把中国的央企一开始都私有化了，现在很有可能会出现几十个巨大的寡头，控制的财富足够大，如果没有很好的手段控制这些寡头，政府就会很容易被他们控制和影响。

另一个极端例子就是拉美，它的利益集团可能更多的是工会。工会会往往阻碍经济的长远增长，因为它只要再分配。一旦政府被绑架，经济要转型、要增长就困难了。比如英国在撒切尔时代，最大的利益集团就是工会，所以在撒切尔逝世后，英国的工会阶层出来欢呼就不奇怪了。

从某种意义上，像拉美那样，民粹的政府也不是中立的，它受到了巨大利益集团的影响，就是代表平民阶层的工会。他们如果过于强大，过分影响了政府，那也很糟糕，因为他们更多地要求再分配。

即使是一个发达国家，过度再分配的后果也还是很严重，欧债危机暴露的问题也就是这个。对发展中国家来讲，过度再分配的问题更大，因为你连创造足够就业的能力都没有了。

即使今天的改革比中国刚开始经济转型时难度更大，也并不见得改革更不可行。现在的中国，即使国企的力量比20年前改革的时候大多了，比方说，尽管只占公司总数2%的国有企业目前拥有的资产占总资产的40%，国企的影响力也十分巨大，但中国似乎不太可能走俄罗斯走过的道路。恰恰相反，中国政府手中累积的财富可以令其改革能力大幅增强，关键看中央高层的改革决心有多大。

确保体制的可改革，30年来一直是中国经济转轨和快速成长的关键。只要中国政府继续保持中立、不受利益集团的过大影响，确保体制从长远看能够保持开放，就能不断去适应外部和内部变化的环境与条件。

经济发展与政治体制改革

■ 一个可改革的制度好过完美而不可改革的制度

如果我们的制度是开放的，当外部出现危机的时候，它可以朝着正确的方向去调整，这个就是制度的相对优势。

上海经济评论：经济发展和政治体制改革常常被联系在一起讨论。

张军：这是自然的。但即使这样，也不必过于悲观。将一切问题归咎于政治体制是中国式思维的典型。但也许我们要问一下，已经实现了30年高速增长的体制难道真的比不上当年的亚洲四小龙的体制吗？它们后来的体制变革的道路难道对我们没有什么启示吗？

从理论上，经济学家至今没有发现经济发展与民主化之间的因果关系，甚至连相关性都不显著。这不难理解。关键的问题是，政治体制要服务于经济发展。体制的发展与它的最终结构很可能与一个国家的收入水平或经济发展阶段密切相关。如果现有政治体制的某些方面无法对经济发展给予支持，就有可能反过来阻碍发展。我最近写文章说，经济增长并不一定需要“结构最好”的体制，而要看体制能否容易地调整和适应新的经济发展需求。

前不久发表的我与加里·杰斐逊（Gary Jefferson）教授合作的文章就谈了我们对中国政治体制未来变革方式的看法。我们认为，随着经济的发展和收入的提高，中国的政治制度正在发生增量的变化，这些变化将会推动中国逐渐民主化。这也是东亚经济的制度变革模式。

上海经济评论：其实生产力也和美国差距很大，不能只看到制度上。

张军：对，中国人均GDP现在只有美国的十分之一，按照购买力算，大概也不过20%。有那么大的空间需要赶超，却希望用美国的体制来支撑中国的发展，这是方法论的问题。

制度要和经济发展阶段相匹配，只要它是服务于经济发展，而不是阻碍，这个制度就是可以接受的。不是把它叫做好制度还是坏制度，因为任何制度都会有缺陷。关键看这个制度是不是开放的，你不能封闭，不能像计划经济那样子，封闭就不能变化。

如果我们的制度是开放的，当外部出现危机的时候，它可以朝着正确的方向去调整，这个就是制度的相对优势。我提出，对经济发展而言，一个可改革的制度比一个完美而不可改革的制度更重要。这一点很多国内的经济学家是看不到的。现在很多的经济学家陷入了教条。

上海经济评论：政治因素会打断这种经济发展吗？当大家变得有钱而不是很有钱的时候，就会有别的诉求，比如说政治方面，就会干扰稳定。

张军：经济学家看政治问题，还是要把政治的变革内生到经济发展的过程中。这不仅有理论而且有经验。而一些西方的经济学家，还有教条的国内追随者，往往认为，要先有好的制度，经济才能发展。所谓好的制度，就是他们的制度。

东亚、中国台湾地区、新加坡、韩国，它们在经济起飞后的一段时间内，大家也自觉不自觉地在谈论政治和经济的关系。普遍的看法都受到西方主流思潮的影响，觉得经济发展需要先有一个比较良好的政治体制，当然他们说的体制基本就是英美的。

但经济学家并没找到这个论断的逻辑存在，只是先验地假设这样。东亚经济告诉我们，在这些国家和地区，政治不是铁板一块，经济的发展会带来诉求和利益的多样化，利益的诉求多样化之后会带来新的政治需求，需要被代表，所以政治就不可能保持原来的状态，随着经济发展水平的提高，政治也会走向多元，不断走向开明和民主。是经济发展导致制度变化而不是相反的。

如果从这个角度来考虑的话，30年来中国政治发生了很大的变化，因为它需要不断去适应经济的发展。所以真正的问题不是说中国的政治未来会不会出问题，而是说我们的政治、目前的体制和结构能不能去调整，去适应经济发展的需要。这又回到了体制的可改革性问题上来了。只要这个体制不是封闭的，是开放的，我觉得它就能去适应变化。

东亚四小龙是最好的例子。相反的例子就是政治改革超前的国家，像南亚、东南亚等的一些国家，后来经济都出了问题，错失了进一步发展的机会。

上海经济评论：很关键的就是可改革性。那么未来，中国的可改革性怎么样，可以适应未来发展的需要吗？

张军：我说过，到目前为止，中国还是中国，没有变成俄罗斯。从东亚经济的发展经验来看，社会对政治变革的要求应该会越来越强烈，因为中产阶级增长速度非常快。中国的政治体制早已开放，这是大势所趋，不可回头。物权法的讨论，行政诉讼法的讨论，都是标志性的。可能在每个十年，我们对政治的要求是不一样的。

这些要求从某种意义上讲是经济发展的结果。我始终认为，经济发展决定制度的发展和制度的质量而不是相反。可以找到无数的例子来反驳制度的质量决定经济发展的命题。

对我们而言，我最前面说过，重要的是要通过改革不断适应新的发展条件和阶段。连政府公共部门自己的改革都不可避免。现在沿海地区的政府官员也在老化，锐气不足，不能适应新的挑战，这也要改革。上海已经开始把培养更年轻一代的干部作为今年最主要的课题进行调研了。

上海经济评论：许成钢认为中国过去经济增长的动力是地方分权和地方

竞争，但是这种增长制度可能不是中国未来经济增长的动力，比较悲观。这种制度在未来经济增长可能扮演什么角色吗？

张军：是的，他在几个会上都讲到这个观点，但是也有很多人问他，那么你觉得未来的体制应该是怎么样的？需要怎么改变？威权的分权体制要怎么改？如果改成美国的一人一票选举的体制是否能解决你说的问题？其实他回答不出来。

他用财政联邦主义的概念框架分析过去中国经济为什么会出现奇迹性增长是有贡献的，发展了很好的一个理论框架。现在他跟着国内的某些思潮走，这蛮可惜，从他的分析框架里简单地推出这个悲观的结论在逻辑上是有疏忽的，起码是忽略了体制的可改革性和适应调整能力的。

上海经济评论：有没有更好的办法，让中国经济保持高速发展？

张军：在1994年实行中央与地方的分税制之后，中国基本上是具有了一个保持长期增长的基本体制的。这或许就是许成钢的分析得出的重要结论。我在2012年12月份的《比较》上也发了一篇长文，叫《理解中国经济高速发展的机制——朱镕基可能是对的》。中国的经济比较复杂，地区差距大，完全按照政府的政策往下推是做不好的，必须要有分权。但是20世纪80年代也搞分权，分权分到后来，中央政府失控，宏观经济的稳定总是受到威胁，通货膨胀难以消除，经济大起大落。各个地方都以邻为壑，经济怎能长期增长？这不是一个好的办法。

朱镕基克服阻力力推中央与地方的分税制，取代承包制，逐步将经济体制改革为许成钢所说的中国特色的财政联邦主义体制，一方面财政上保持分权或者联邦制的特色，另一方面保持中央政府的威权。这有很多好处，第一，没有丧失和挫伤地方发展的动力，激励机制还在；第二，可以避免80年代包干制分权的后遗症，就是地方倒逼中央超发货币，就是说，它保留了原来分权的好处，但是拿掉了分权对经济稳定的杀伤力，把货币超发的机制断掉了。能将这个体制建立起来，是了不起的。

上海经济评论：如果说分税制可以完善的话，还可以怎么做？

张军：我认为，中国分税制的架构应该保留下来。要改的重点是，中央政府拿的收入和承担的责任要调整到基本匹配的程度。那就需要把很多支出责任上收到中央，这是最简单的调整。比方说基础教育的支出，现在都收到中央去了。最基本的社保也应该收到中央去。也就是说外部性特别强的支出领域，比如说教育、医疗、社保、养老，都应该收到中央去做，逐步调整到与它的收入相匹配的比重。那些主张回到80年代的财政承包制的观点是不可取的。

现在最怕的就是马上去建立类似印度的那种所谓标准体制，因为在那种体制下，地方政府根本不干事，只向中央政府去要钱，连基础设施都搞不成，后果就严重了。

改革公共部门

■ 保护市场和企业家精神

为什么我一直说更多的改革需要走供应学派的思路。跟凯恩斯主义的政策更多地依赖政府管制不同，这些供应学派的思想是让竞争变得更加公平和自由，这是确保经济活力和创新进取的必要的改革。

上海经济评论：你觉得中国经济存在哪些问题？如何改？

张军：中国经济不是没有问题，而是问题很多，结构性问题也存在。比如，国有经济现在的势力越来越大，已经威胁到私人部门的生存空间了。政府公共部门的改革也势在必行，包括政府机构的改革也很重要，需要提高行政效率。

现在沿海发达地区，整个政府运行的效率貌似也在下降中。比较发达的地区，挑战更严峻，政府如果不能不断地保持改革的动能，不能适应内外变化的条件，就可能阻碍经济的结构升级。而内地正在经历历史的机遇，2008年以后金融危机加快了沿海资本和全球产业链加工区段向内地的转移。但这种转移不是必然的，东南亚的竞争力也很强，所以，内地地方政府的治理水平和开放程度如何是很关键的。当然，我们要承认，相比东南亚，中国有更好的产业配套的能力，沿海产业资本向内地的转移会充分考虑这个产业链存在的优势。

我不主张政府去遴选和设计很多产业，最重要的是开放，保持体制的柔性。记得董建华先生曾经针对香港的未来说，香港的主要问题就是对外部世界的变化的反应还太迟钝。他说，从做生意的角度讲，生意从小做大比较容易，但做大以后想继续保持不断增长不容易，要一直应对变化。

对企业来讲也是这样，做大之后，反应会变得迟钝，弄不好就要走下坡路。锐意进取这东西是很实际的，怎么样驱动，从而让每个地方政府都保持开放的竞争，致力于保护市场和企业家精神，不断应对各种挑战和危机，这个是中国的领导人面临的最重要的事情。

上海经济评论：此外，如何进行国有企业私有化的改革？

张军：我觉得真正做到公平竞争是企业改革的最重要目标。要公平竞争就是取消那些限制竞争和保护某些企业而歧视另外一些企业的制度安排与政策。从法律上讲，私人经济可以进入任何行业，但实际上不是。2008年四万亿投资以来，国有经济的势力扩张得更大了，游说能力和话语权更大了。

比如说，民企在法律上可以进入航空，但现在政府发了几个牌照给私人的航空公司？这就牵涉到政府很多部门的设置，其实是我们的很多政府部门的官员本身就是来自国有企业，习惯于代表国有企业的利益。审批制度看起来是中性的，实际上在客观上阻碍了私人部门的进入。所以，要公平竞争，最好还是把太多不必要的政府审批权给取消掉。今天，一个私人企业要与国有企业竞争地盘谈何容易，更何况还需要政府主管部门的刁难与审批，可能还牵涉到不止一个部门来审批。

所以，要在制度上真正降低民企民资准入的门槛，我们就要把注意力转移到公共部门的改革，因为国有经济本身是一套系统，它跟政治不是同一个东西，但也不是两个东西。它背后有政府的保护伞。为什么我一直说更多的改革需要走供应学派的思路。供应学派就是鼓励公平竞争，打破垄断，降低进入壁垒，撤销政府对经济的很多管制，还有大幅度减税。这都是供应学派的主要政策主张。跟凯恩斯主义的政策更多地依赖政府管制不同，这些供应学派的思想是让竞争变得更加公平和自由，这是确保经济活力和创新进取的必要的改革。

至于现在的大型国有企业，特别是央企怎么改，相当复杂，需要认真研究方案，权衡多方利弊，不可贸然行事。俄罗斯那样的私有化是不可取的。不管怎么说，现在的大国企，无论多大，总还有中央政府的职能部门能监管着它们，如果没有很好的制度设计和监管手段，一味把它们私有化之后，会立刻形成巨大的私人财阀或寡头，情况只会更糟。

我们不得不承认，国有企业今天还部分承担着社会责任和政府目标，包括电力、铁路等基本公共品的提供，它们还不得不承担和执行着政府的目标，不能够借助垄断地位去牟取暴利。即使将来这些行业需要某种方式的私有化，对这些行业的监管也不可放松，只能加强。国有资产的经营是否必须要以国有企业控股的方式进行，还是可以与国有企业分离？这些问题也需要研究。国有企业的股权结构是否要进一步地社会化，也是可以考虑的重要问题。

总而言之，中国目前的国有企业改革，需要慎而又慎，制度的设计和不同改革方案的评估不可或缺。与其致力于呼吁私有化，不如研究和提出具体的改革方案与技术路线来。我想，在国有企业改革这个问题上，现在的最高领导层不是缺乏改革的决心，而是缺乏改革的知识。

（本文发表于2013年5月7日《东方早报·上海经济评论》，作者系《东方早报·上海经济评论》记者，实习生刘雨宁对本文亦有贡献）